플렉시테리언 ——————— 때때로 비건

김가영 지음

중앙books

고기보다 맛있는 채소 요리 알려드릴게요

# 오늘부터 가끔, 채식하세요

아주 어릴 적부터 대학 다닐 때까지 할머니의 음식을 먹고 자랐어요. 할머니는 항상 제철 채소로 맛있는 채소 요리를 해주셨고, 덕분에 채소 맛을 좀 아는 사람이 되었습니다.

하지만 일을 시작하면서 식습관이 조금씩 나빠지기 시작했어요. 늘 바빴거든요. 바쁘다는 핑계로 식당에서 사먹거나 배달음식을 찾는 일이 많아졌습니다. 야근 하는 날이면 치킨이나 피자로 때우기 일쑤였죠. 항상 먹던 아침을 거르기 시작했고, 기름진 음식으로 끼니를 해결하는 날들이 이어졌어요.

그러다 보니 몸에서도 신호를 보내기 시작했습니다. 피부는 푸석푸석해졌고, 몸은 항상 무겁고 피곤했어요. 몸은 점점 지쳐갔고, 푸드 스타일리스트로 일한 지 4년이 되었을 때 재충전을 위해 1년간 뉴질랜드로 떠났습니다. 그리고 그곳에서 운 좋게 비건 메뉴로 유명한 카페에서 일할 기회를 얻었어요.

1년 동안 거기서 많은 것들을 배우고 깨달았습니다. 그중 가장 큰 깨달음은 '채식이 이렇게까지 맛있을 수 있나!'였던 것 같아요. 카페의 비건 메뉴들이 하나같이 다 맛있었거든요. 이제까지 알던 한식의 채소 요리와는 또 다른 '맛'이었죠.

그래서 한국에 돌아와서도, 종종 채식하기 시작했습니다. 상황에 따라, 몸 상태에 따라 가벼운 마음으로 채식을 했어요. 친구들을 집에 초대하면 종종 맛있는 비건 요리를 만들어주었습니다. 뉴질랜드에서 배웠던 메뉴, 그걸 한식이나 다른 나라 음식에 응용한 요리 등 다양한 비건 메뉴를 소개했어요. 채소 요리 해주겠다고 하면 실망하는 기색이 역력했던 친구들도, 일단 맛을 보면 하나같이 놀랐어요. 이거 정말 채식 맞냐고요.

이 책에 그 레시피들을 모두 모았습니다. 클렌즈 효과가 있는 주스부터 도시락으로 활용할 수 있는 한식과 샐러드, 샌드위치, 주말에 온 가족이 즐길 수 있는 볶음, 탕, 파스타 등 일품 요리까지. 간단하게 만들 수 있으면서도 맛은 보장된 93가지 레시피를 담았어요. 마라샹궈, 텐동 등 요즘 인기 있는 요리의 비건 레시피도 빼놓지 않았습니다. 건강을 위해, 지구를 위해 시작하는 채식이라면 맛쯤은 포기해야지 생각했다면 그 고정관념 사라질 거예요.

우선 하루에 한 끼만 채식하겠다는 마음으로 시작해보세요. 처음부터 너무 빡빡하게 시작 하지 않는 게 좋아요. 저 역시 일을 하다 보니 완전 채식을 실천하기 힘들었어요. 만약 바로 비건이 되려 했다면 금방 채식을 포기했을 거예요. 스트레스 받지 않으며 채식할 수 있는 날만이라도 실천하는 것이 좋아요. 그리고 점차적으로 횟수를 늘려가 보세요.

요즘 다양한 이유에서 채식을 시작하는 사람들이 늘어나고 있습니다. 뉴질랜드 카페에서 함께 일했던 친구들도 절반 이상이 환경보호와 동물복지 그리고 건강을 위해 채식을 하는 비건이었어요.
건강, 환경보호, 동물복지 그 어떤 이유에서든 여러분도 채식을 시작해보세요. 절대 어렵지 않아요. 이 책이 맛있는 비건 레시피를 묶은 레시피북이자 여러분의 첫 채식을 돕는 훌륭한 가이드가 되어드릴게요.
오늘부터 가끔, 채식해보세요!

저자 **김가영**

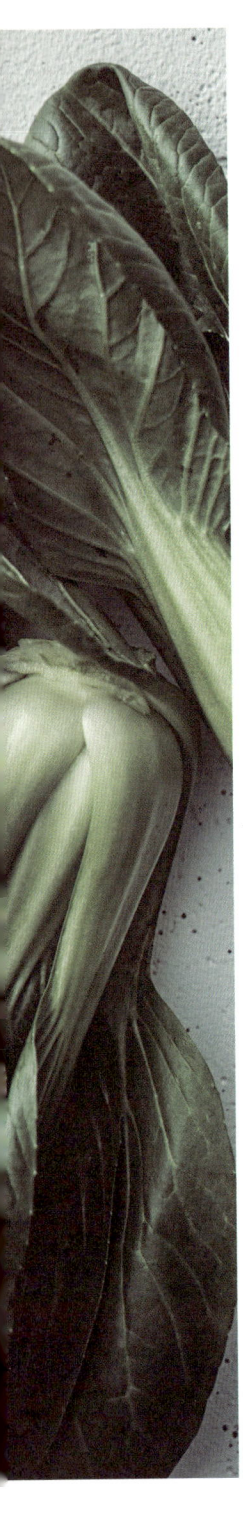

## *Chapter 1*
# 플렉시테리언 시작하기 전에

*Chapter 2*

# 기본 레시피

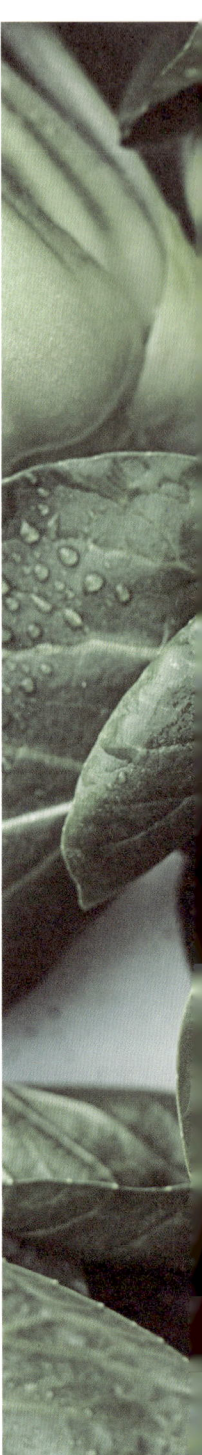

*Chapter 3*

## 아침 비건

*Chapter 4*

## 점심 비건

## Chapter 5
# 주말 비건

## Chapter 6
# 간편 술안주

플렉시테리언 시작하기 전에

*Chapter 1*

요즘 주변에서 비건 쉽게 찾아볼 수 있죠? 늘어나는 채식 인구가 말해주듯, 채식은 생각보다 어렵지 않아요. 하지만 채식도 제대로 알지 못하면 실패하기 쉽습니다. 당신이 채식을 이해하고, 좀 더 쉽게 플렉시테리언이 될 수 있도록 채식의 유형부터 재료, 도구, 따라 하기만 하면 되는 식단 프로그램까지 소개할게요.

# 당신에게 적합한 채식을 찾아보세요

01

## 가장 트렌디한 라이프스타일, 채식

채식이란 동물성 식품을 피하고 채소, 과일, 해조류 등 식물성 식품 위주로 하는 식사를 말해요.

불과 10년 전만 해도 우리나라에서 채식은 체질상 문제가 있거나 건강이 나빠져 시작하는 식이요법이라고 여겼습니다. 하지만 점점 건강식으로서 채식을 찾는 사람들이 많아졌어요. 채식은 현대인들에게 부족하기 쉬운 비타민, 미네랄, 식이섬유를 채워주는 완벽한 식단이기 때문이지요.

최근에는 이유가 좀 더 다양해졌습니다. 특히 환경보호와 동물복지를 위해 채식을 시작하는 사람들이 기하급수적으로 늘어나고 있어요. 그들은 채식이 그들의 신념을 행동으로 옮길 수 있는 가장 효과적인 방법이라고 믿습니다. 실제로도 그러하고요.

전문가들은 앞으로도 채식 인구가 꾸준히 늘어날 것이라 예측합니다. 유럽에서는 이미 많은 식당에서 비건 메뉴를 찾아볼 수 있을 만큼 채식이 일반적인 식생활로 자리 잡았지요. 한국 또한 지난 10년간 채식인구가 10배가 늘었고요.

전 세계 수많은 사람들이 채식이라는 라이프스타일을 통해 건강한 삶을 영위하고 환경보호와 동물복지를 실천하고 있습니다. 이제는 세계의 트렌드가 된 채식, 어떤 점이 좋은지, 쉽게 시작할 수 있는 방법은 있는지 궁금하지 않으세요?

# 당신이 채식을 시작한다면

당신이 섭취하는 것들은 당신과 당신을 둘러싼 여러 가지 것들에 영향을 끼칩니다. 당신의 건강, 감정, 더 나아가 산업과 환경에까지 말이죠. 당신이 어떤 음식을 먹었을 때 컨디션이 좋았는지 혹은 나빠졌는지 생각해본 적 있나요? 매일 먹는 음식들이 어디서 어떻게 만들어 지는지, 그것이 환경에 어떤 영향을 미치는지는요? 당신이 이제껏 생각하지 못했던 채식의 장점을 알려드릴게요.

### 비타민과 미네랄, 식이섬유를 충분히 섭취해 신진대사가 활발해져요

채소와 과일, 해조류에는 각종 비타민과 미네랄, 식이섬유가 풍부합니다. 세 가지 영양소 모두 육류 위주의 식생활을 즐기는 현대인들에게 부족하기 쉬운 것들이지요. 채식을 하면 이러한 미량 영양소들을 충분히 섭취할 수 있어 신진대사가 원활해지고, 면역력이 높아집 니다. 또한 풍부한 식이섬유가 배변 활동을 활발하게 하고, 콜레스테롤 수치를 낮춰 성인병 을 예방하고 완화하는 데도 도움을 줘요.

### 에너지 소비량과 이산화탄소 배출량을 감소시켜요

육류를 생산하기 위해 필요한 에너지 소비량은 생각보다 엄청나요. 쇠고기 1kg을 생산하 려면 같은 양의 쌀을 생산할 때보다 5배가 넘는 물을 필요로 합니다. 또한 가축들이 배출하 는 이산화탄소가 지구온난화를 악화시키고, 엄청난 양의 분뇨가 바다로 흘러 들어 바다를 오염시키기도 해요. 채식 인구가 늘어나면 에너지 소비량과 육류 생산 과정에서 발생하는 환경오염을 크게 줄일 수 있어요.

### 공장식 축산시설에서 도살되는 가축 수가 줄어듭니다

우리 식탁에 오르는 대부분의 육류는 공장식 축산시설에서 생산됩니다. 그곳에서 가축들은 강제로 임신해 출산을 하고 그렇게 태어난 새끼들은 대부분 1~3년 이내 도살돼요. 육류 수 요가 늘어날수록 더 많은 가축들이 이러한 과정을 거쳐 도살됩니다. 이미 외국에서는 동물의 생명 윤리를 위해 채식을 실천하고 있는 인구가 상당해요. 우리나라에서도 빠르게 증가하고 있는 추세랍니다.

# 생각보다 다양한 채식의 유형

채식이라고 무조건 채소만 먹는 것이 아니에요. 오로지 과일만 먹는 프루테리언부터 상황에 따라 고기도 섭취하는 플렉시테리언까지, 여러 가지 단계와 유형이 있답니다. 다양한 채식의 유형을 알아보고 여러분의 상황에 따라 도전해볼 만한 채식을 골라보세요.

## 채식 (Vegetarian)

### 프루테리언 Fruitarian
오로지 과일과 견과류만 먹는 가장 극단적인 단계의 채식이에요. 주로 식물에도 생명이 있다고 생각하거나 불에 조리해 만드는 화식이 해롭다는 신념에 의해 실시합니다. 다만 영양 불균형을 유발할 확률이 커 이 단계의 채식을 하는 사람은 극히 드물어요.

### 비건 Vegan
채소와 곡물, 과일 등 식물성 식품만 섭취하는 채식으로 '완전 채식'이라고도 불려요. 식물에서 얻을 수 있는 식품만 섭취하기 때문에 벌이 만드는 꿀도 먹지 않는답니다. 더 나아가 옷, 화장품 등을 고를 때도 동물 유래 성분이 들어가 있거나 동물실험을 하는 제품을 피하는 경우도 있습니다.

### 락토 베지테리언 Lacto Vegetarian
식물성 식품과 우유나 치즈, 버터 등 유제품까지 섭취하는 채식입니다. 불교와 힌두교 등 동양의 종교들이 채택하고 있는 방식이기도 합니다.

### 오보 베지테리언 Ovo Vegetarian
식물성 식품에서 유제품은 피하지만 달걀과 메추리알 등 난류까지 허용하는 채식이에요.

### 락토오보 베지테리언 Lacto-Ovo Vegetarian
식물성 식품에서 우유, 치즈, 버터와 달걀까지 허용하는 채식 단계예요. 일반적으로 '베지테리언'이라고 하면 이 단계를 일컬어요. 채식주의자 중 가장 많은 수가 여기 속한답니다.

## 준채식 (Semi-Vegetarian)

**페스코 베지테리언** Pesco Vegetarian

고기를 제외하고 생선과 해산물, 유제품, 난류까지 섭취하는 채식입니다. 페스코테리언이라고 줄여 부르기도 해요. 소나 돼지 등 가축 사육으로 발생하는 환경오염을 예방하고자 시작하는 경우가 많아요.

**폴로 베지테리언** Pollo Vegetarian

폴로테리언이라고도 불리며, 붉은 살코기를 제외한 닭고기와 오리고기류, 생선류, 해산물을 허용하는 채식이에요.

**플렉시테리언** Flexitarian

기본적으로 비건이지만 상황에 따라 육류 섭취를 허용하는 가장 느슨하고 유동적인 채식 단계를 말해요. 상황에 따라 비건식과 일반식을 선택하기 때문에 채식을 시작하고, 유지하기 쉽습니다. 채식 입문자에게 가장 추천하는 단계입니다.

## 첫 채식, 플렉시테리언부터 시작해보세요

다양한 이유에서 채식은 실천해 볼만한 생활방식입니다. 하지만 일반식을 하다가 한순간에 완전 채식으로 넘어가기는 현실적으로 힘들어요. 확 바뀐 식단에 적응하기도 힘들고, 한국은 아직 비건 식당이나 비건 메뉴가 많지 않아 식사 약속을 끊임없이 거절해야 할 거예요. 그렇다면 채식, 어떻게 시작하면 좋을까요?

채식을 시작해보고 싶지만 식단을 꾸준히 유지할 자신이 없고, 친구와의 만남도 거절하기 힘든 당신에게 플렉시테리언을 추천합니다. 플렉시테리언은 상황에 따라 채식과 일반식을 병행하는 유동적 채식 단계를 말해요. 우선 하루에 한 끼, 아침이나 점심 중 본인의 상황에 적합한 식사 때를 골라 실천해보세요. 과일 주스나 채소 수프로 간단하게 아침 식사를 해도 좋고, 비건 레시피로 만든 도시락을 준비해, 점심 식사로 채식을 하는 것도 좋습니다. 평일에 여유가 없다면 주중에는 일반식을 하고 주말에만 채식을 해보는 것도 괜찮아요.

자주 속이 더부룩하고 소화가 잘 되지 않는다면 채식이 당신의 몸을 한결 건강하게 만들 거예요. 더 나아가 동물 생명 윤리를 실천하고 환경을 보호하는 세계적인 큰 흐름에 동참할 수 있습니다.

채식은 생각보다 어렵지 않아요. 거창할 필요도 없어요. 당신의 상황에 따라, 이 책을 펴고 가끔, 채식해보세요. 당신과 당신을 둘러싼 것들이 조금씩 바뀌는 게 느껴질 거예요.

# Flexitarian

# 하루 한 끼, 쉽게 따라 하는 1주 / 2주 프로그램

유동적 채식을 시작해보려는데 막상 어떤 것부터 따라 해야 할지 모르겠다고요? 채식에 쉽게 적응하고 꾸준히 유지할 수 있도록 1주/2주 프로그램을 소개할게요. 이 프로그램만 잘 따라 해도 플렉시테리언이 익숙해지는 데 도움이 될 거예요.

몸을 가볍게 디톡스 하고 싶다면 1주 프로그램을 권해요. 아침과 점심 프로그램 중 각자 라이프스타일에 맞게 고르면 됩니다. 1주 프로그램 후 일상식으로 돌아가도 괜찮아요. 우린 플렉시테리언이니까요.

조금 더 확실한 채식 효과를 기대하시나요? 그럼 2주 프로그램으로 시작하시죠. 아침 비건 2주, 혹은 점심 비건 2주 프로그램 중 택일하면 돼요. 아침과 점심 프로그램을 병행한다면 더없이 좋겠죠. 다만 너무 무리할 필요는 없어요. 각자의 상황과 컨디션을 고려해서 진행하세요. 중도 실패해도 괜찮아요. 그래도 우리는 어제보다 오늘 더 많은 채소를 먹었는걸요!

## 비기너를 위한 1주 프로그램

| 주스, 수프로<br>생기를 채우는<br>**아침 비건** | 월 | 케일 사과 주스 → p.88 | |
|---|---|---|---|
| | 화 | 바나나 블루베리 포리지 → p.122 | |
| | 수 | 당근 수프 → p.118 | |
| | 목 | ABC 주스 → p.86 | |
| | 금 | 무 수프 → p.108 | |
| | 토 | 오렌지 생강 주스 → p.90 | |
| | 일 | 고구마 두유 라테 → p.104 | |
| | 장보기<br>리스트 | ○ 사과 2개<br>○ 당근 2개<br>○ 오렌지 2개<br>○ 레몬 1개<br>○ 바나나 ½개<br>○ 블루베리 10알<br>○ 고구마 1개<br>○ 양파 1개<br>○ 케일 5장 | ○ 비트 ⅓개<br>○ 무 150g<br>○ 대파 10cm<br>○ 생강 1톨<br>○ 피스타치오 4알<br>○ 오트밀 ½컵<br>○ 무가당 두유 200mL<br>○ 넛밀크 200mL |

| | | |
|---|---|---|
| 간단히 조리해<br>도시락으로<br>**점심 비건** | 월 | **두부유부초밥** → p.144 |
| | 화 | **당근라페 샌드위치** → p.132 |
| | 수 | **포두부 채소말이** → p.130 |
| | 목 | **뿌리채소 샐러드** → p.164 |
| | 금 | **오이지 오차즈케** → p.160 |
| | 토 | **참나물 들기름 메밀국수** → p.140 |
| | 일 | **모둠 채소찜** → p.134 |

| 장보기<br>리스트 | 일요일 장보기 | 수요일 장보기 |
|---|---|---|
| | ○ 감자 1개 | ○ 고구마 1개 |
| | ○ 당근 1½개 | ○ 감자 1개 또는 알감자 2개 |
| | ○ 오이 ⅔개 | ○ 연근 ⅔개 |
| | ○ 빨강 파프리카 ⅔개 | ○ 우엉 15cm |
| | ○ 노랑 파프리카 ⅓개 | ○ 비트 ¼개 |
| | ○ 로메인 6장 | ○ 미니 당근 4개 |
| | ○ 깻잎 8장 | ○ 단호박 ½개 |
| | ○ 팽이버섯 50g | ○ 래디시 2개 |
| | ○ 두부 1모(300g) | ○ 브로콜리 ¼개 |
| | ○ 포두부 8장 | ○ 양배추 ⅒통(100g) |
| | ○ 조미유부 10장 | ○ 양파 ¼개 |
| | ○ 꼬들 단무지 20g | ○ 방울토마토 2개 |
| | ○ 사워도우 슬라이스 2장 | ○ 참나물 30g |
| | | ○ 오이지 ½개 |
| | | ○ 차조기 1장 |
| | | ○ 현미밥 1공기 |
| | | ○ 메밀국수 100g |
| | | ○ 녹차티백 1개 |

## 채식이 익숙해지는 2주 프로그램

산뜻하게
입맛을 깨우는
**아침 비건**

| 월 | 청포도 키위 밀싹주스 → p.92 |
| --- | --- |
| 화 | 우엉 수프 → p.110 |
| 수 | 그린 스무디 → p.100 |
| 목 | 단호박 수프 → p.106 |
| 금 | 오렌지 생강 주스 → p.90 |
| 토 | 당근 레몬 주스 → p.94 |
| 일 | 라즈베리 코코넛 스무디 → p.98 |

| 장보기<br>리스트 | | |
| --- | --- | --- |
| | ○ 청포도 1컵 | ○ 당근 1개 |
| | ○ 그린키위 2개 | ○ 우엉 1대 |
| | ○ 바나나 2개 | ○ 양파 1개 |
| | ○ 오렌지 4개 | ○ 케일 2장 |
| | ○ 레몬 1개 | ○ 생강 2톨 |
| | ○ 단호박 ½개 | ○ 밀싹 20g |
| | ○ 감자 1개 | ○ 캐슈너트 10알 |
| | ○ 냉동 라즈베리 1컵 | ○ 코코넛 밀크 100mL |
| | | ○ 호박씨 약간 |

든든한
## 아침 비건

 2주 차

|  |  |
|------|------|
| 월 | **방울토마토 바질 가스파초** → p.120 |
| 화 | **순두부 누룽지죽** → p.126 |
| 수 | **햇완두콩 수프** → p.116 |
| 목 | **아보카도 스무디** → p.96 |
| 금 | **감자 대파 수프** → p.112 |
| 토 | **라즈베리 치아잼 오트밀** → p.124 |
| 일 | **ABC 주스** → p.86 |

**장보기 리스트**

○ 방울토마토 500g
○ 냉동 바나나 1개
○ 사과 1개
○ 당근 1개
○ 아보카도 1개
○ 냉동 라즈베리 ½컵
○ 비트 ⅓개
○ 감자 2개
○ 양파 1⅛개
○ 오이 ½개
○ 빨강 파프리카 ½개

○ 완두콩 200g
○ 생바질 4장
○ 케일 2장
○ 대파 흰부분 40cm
○ 순두부 ½개
○ 오트밀 ½컵
○ 누룽지 100g
○ 무가당 두유 200mL
○ 넛밀크 200mL
○ 해바라기씨 1작은술
○ 치아시드 2작은술

## 든든하고 소화도 잘 되는
## 점심 비건

| | |
|---|---|
| 월 | **두부쌈장 케일쌈밥** → p.138 |
| 화 | **템페 스프링롤** → p.136 |
| 수 | **베지누들 샐러드** → p.168 |
| 목 | **후무스와 스틱채소** → p.150 |
| 금 | **올리브 타프나드 샌드위치** → p.142 |
| 토 | **콜리플라워 라이스 볶음밥** → p.148 |
| 일 | **리코타 시트러스 샐러드** → p.174 |

| 장보기<br>리스트 | 일요일 장보기 | 수요일 장보기 |
|---|---|---|
| | ○ 파인애플 150g | ○ 토마토 ½개 |
| | ○ 당근 1개 | ○ 아보카도 ½개 |
| | ○ 오이 1개 | ○ 자몽 1개 |
| | ○ 적양배추 ¼개 | ○ 오렌지 1개 |
| | ○ 노랑 파프리카 ½개 | ○ 콜리플라워 ½개 |
| | ○ 양파 1개 | ○ 미니 당근 4개 |
| | ○ 케일 10장 | ○ 빨강 파프리카 ¼개 |
| | ○ 깻잎 6장 | ○ 노랑 파프리카 ¼개 |
| | ○ 청상추 6장 | ○ 래디시 3개 |
| | ○ 숙주 50g | ○ 미니 새송이버섯 5개 |
| | ○ 청양고추 ½개 | ○ 마늘종 2줄 |
| | ○ 병아리콩 통조림 3큰술 | ○ 셀러리 1대 |
| | ○ 아몬드 6알 | ○ 마늘 4톨 |
| | ○ 두부 ¼모 | ○ 로메인(쌈용) 4장 |
| | ○ 템페 100g | ○ 루콜라 20g |
| | ○ 라이스페이퍼 6장 | ○ 포기 로메인 50g |
| | ○ 버미셀리 80g | ○ 애플민트 3줄기 |
| | ○ 현미밥 1공기 | ○ 병아리콩 ½컵 |
| | | ○ 블랙올리브 1¼컵 |
| | | ○ 케이퍼 1작은술 |
| | | ○ 피타브레드 1장 |
| | | ○ 치아바타 1개 |
| | | ○ 피스타치오 1큰술 |
| | | ○ 무가당 두유 600mL |

소화가 잘되는
## 점심 비건

| | | |
|---|---|---|
| 월 | 바질페스토 파스타 샐러드 → p.162 | |
| 화 | 채소 얌운센 → p.146 | |
| 수 | 모둠 콩 샐러드 → p.166 | |
| 목 | 해초 곤약면 샐러드 → p.170 | |
| 금 | 구운 채소 샌드위치 → p.152 | |
| 토 | 유부고추장 비빔밥 → p.158 | |
| 일 | 오이지 오차즈케 → p.160 | |

| 장보기 리스트 | 일요일 장보기 | 수요일 장보기 |
|---|---|---|
| | ○ 방울토마토 20개 | ○ 주키니호박 ¹⁄₁₀개 |
| | ○ 오이 1개 | ○ 미니 당근 3개 |
| | ○ 당근 1개 | ○ 표고버섯 3개 |
| | ○ 양파 1½개 | ○ 유부 2장 |
| | ○ 숙주 20g | ○ 브로콜리 ⅛개 |
| | ○ 그린빈스 4개 | ○ 오이지 ½개 |
| | ○ 잣 20g | ○ 차조기 1장 |
| | ○ 퀴노아 ¼컵 | ○ 참나물 2줄기 |
| | ○ 병아리콩 통조림 ½컵 | ○ 애호박 ¼개 |
| | ○ 렌틸콩 통조림 2큰술 | ○ 현미밥 2공기 |
| | ○ 키드니빈 통조림 2큰술 | ○ 곤약면 100g |
| | ○ 이탈리안 파슬리 2줄기 | ○ 해초 10g |
| | ○ 생바질 30g | ○ 사워도우 슬라이스 2개 |
| | ○ 블랙올리브 슬라이스 2큰술 | ○ 펜넬시드 1작은술 |
| | ○ 버미셀리 80g | ○ 녹차 티백 1개 |
| | ○ 비건 숏파스타(푸실리) 100g | ○ 다진 땅콩 1큰술 |
| | | ○ 마늘 1알 |
| | | ○ 비트 ⅛개(50g) |
| | | ○ 브로콜리 ⅛개 |

# 플렉시테리언
# 건강하게 시작하기

## 02

## 6대 영양소를 빠짐없이 섭취하세요

채식으로 건강해지고 싶다면 제대로 된 채식을 해야 해요. 무턱대고 채소만 섭취했다가는 영양소 결핍이 일어나기 쉽습니다. 채식을 제대로 하려면 6대 영양소를 골고루 섭취하도록 신경 써야 합니다.

6대 영양소란 탄수화물, 지방, 단백질, 비타민, 미네랄, 물 등 모두 우리 몸에 꼭 필요한 성분들을 말해요. 채식과 일반식을 병행하는 플렉시테리언은 영양소 결핍이 일어날 확률이 작지만, 채식하는 횟수가 점차 늘어날 수 있으니 6대 영양소에 대해 알고 있는 것이 좋아요. 유동적 채식을 할 때도 채식에서 부족했던 영양소를 일반식에서 보충할 수 있어 유용하답니다.

### 균형 잡힌 식단을 위한 영양소 섭취 비율

같은 영양소를 가진 식품끼리 묶은 6가지 식품군이 있어요. 균형 있는 영양소 섭취를 위해 식품군마다 매일 먹어야 할 양이 다른데, 이것을 잘 보여주는 표가 있답니다. 면적에 따라 매일 먹어야 할 양과 바꿔 먹을 수 있는 식품을 한눈에 보여줘 편리해요. 표에 나온 양을 정확히 지키는 못해도 비슷하게라도 맞춰 식사를 준비하면 영양소 결핍 없이 균형 잡힌 식단을 차릴 수 있습니다.

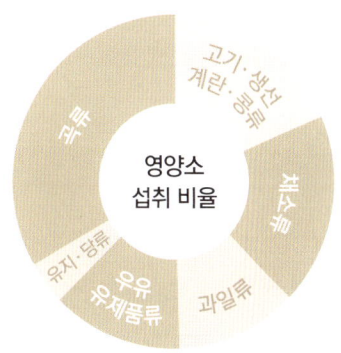

영양소
섭취 비율

- 곡류

  가장 큰 비중을 차지하고 있는 식품군으로, 인체에 탄수화물을 주로 공급해 에너지를 내는 역할을 해요. 쌀, 보리쌀 등의 밥류와 면류(국수, 라면), 빵류, 감자류, 떡류, 묵류, 과자류 등이 곡류에 속합니다. 채식할 때는 빵이나 면류, 과자류에 달걀이나 버터가 들어가지 않은 제품을 고릅니다.

- 어육류

  필수 아미노산을 얻을 수 있는 식품군으로 육류, 생선류, 난류, 콩류, 견과류 등이 있습니다. 채식 식단에서는 콩과 두부, 두유 등의 콩류 식품에서 얻을 수 있습니다.

- 채소류

  채소, 버섯, 해조류 등으로 비타민, 미네랄, 식이섬유 등을 섭취할 수 있습니다. 채식에서는 따로 챙기지 않아도 풍부하게 섭취할 수 있어요

- 과일류

  다양한 과일과 과일주스 등이 포함된 식품군으로 비타민, 미네랄, 당분을 얻을 수 있습니다.

- 유제품류

  우유나 치즈, 요거트 등 칼슘을 섭취할 수 있는 식품군입니다. 채식 식단에서는 두유나 넛밀크, 비건 요거트로 대체할 수 있어요.

### 필수아미노산, 비타민 B·D가 부족해지기 쉬워요

채소와 과일로 비타민과 미네랄은 충분히 섭취할 수 있지만, 동물성 식품에서 쉽게 얻을 수 있는 필수아미노산, 비타민D, 비타민B, 칼슘 등이 부족해질 수 있어요. 채소에 부족한 단백질이나 지방은 두부나 콩류, 견과류를 통해 충분히 보충해야 합니다. 또한 동물성 식품에 많이 들어 있는 비타민B와 비타민D는 영양제를 챙겨 먹거나 하루에 30분 이상 햇볕을 쬐는 것으로 보완하세요. 칼슘은 다시마나 미역 등에 풍부하니 해조류 섭취도 잊지 마세요.

# 컬러푸드로 피토케미컬까지 챙겨보세요

식물 속에는 피토케미컬이라는 화학물질이 들어 있어요. 식물이 스스로 보호하기 위해 생성하는 물질인데 인체에 흡수되면 강력한 항산화 작용을 해 최근 제7의 영양소로 주목 받고 있답니다. 피토케미컬은 화려하고 짙은 색을 내는 채소에 많이 들어 있어요. 색소마다 함유하고 있는 영양소가 모두 다르므로 다양한 색의 채소와 과일을 섞어 섭취하는 것이 좋아요.

**레드푸드 / 라이코펜**
토마토, 수박, 비트, 당근 등 붉은색을 띠는 과일과 채소에 풍부해요. 붉은색을 내는 색소인 라이코펜이 강력한 항산화 작용을 해 혈관 건강에 도움을 주고, 암 예방에 효과가 있습니다.

**옐로푸드 / 베타카로틴**
녹황색 채소와 과일, 해조류에 풍부한 물질로 호박, 당근, 귤, 감, 밤, 파인애플 등에 많이 들어 있어요. 노화를 예방하고 면역 기능을 높여주는 기능을 해요.

**그린푸드 / 클로로필**
짙은 녹색을 띠는 잎채소, 오이, 셀러리 등에 풍부해요. 간세포 재생에 도움을 주어 간 건강에 효과가 있다고 알려져 있습니다. 또한 중금속 등 유해물질을 체외로 배출하는 해독 역할도 뛰어나요.

**퍼플&블랙푸드 / 안토시아닌**
자주색이나 검은색을 띠는 과일과 채소에 들어 있는 물질로 가지, 포도, 아로니아, 흑미, 자색 고구마 등에 풍부해요. 세포 손상을 억제해 노화를 예방하는 효과가 있어요.

**화이트푸드 / 알리신**
흰색을 띠는 채소에 풍부한 물질로 피토케미컬 중 가장 강력한 항균 효과를 가지고 있어요. 마늘, 양파, 무, 배, 도라지등에 많이 들어 있어요.

# 자주 쓰는
# 재료

## 채소류

### ① 감자
감자는 풍부한 전분이 비타민C를 보호해 가열해도 비타민 손실이 적어요. 껍질에 주름이 없고, 들었을 때 묵직하면서 단단한 것을 고르는 것이 좋습니다.

### ② 우엉
수용성 식이섬유의 일종인 이눌린이 신장 기능을 높여주고, 배변 활동을 활발하게 합니다. 껍질이 흠집 없이 매끈하고 너무 메마르지 않은 것을 고르세요.

### ③ 연근
비타민C와 비타민B가 풍부해 피로회복, 각종 염증 완화, 눈의 충혈 예방에 효과가 있습니다. 너무 단단하지 않은 것이 맛있어요. 식촛물에 담가두거나 식초와 함께 조리하면 갈변과 영양소 손실을 방지할 수 있습니다.

### ④ 당근
베타카로틴이 풍부해 항산화 효과, 노화 방지에 도움을 줍니다. 특히 눈 건강에 효과가 좋은 것으로 잘 알려져 있어요. 표면이 매끄럽고 색이 일정한 것이 좋아요. 기름과 함께 조리하면 비타민A의 흡수율을 높일 수 있습니다.

### ⑤ 오이
풍부한 칼륨이 이뇨 작용을 도와 부종을 예방하고 체내 노폐물 배출에 도움을 줍니다. 칼로리가 낮고 95% 이상의 수분으로 구성되어 있어 다이어트 식품으로도 좋습니다. 꼭지가 싱싱하고 굵기가 일정한 것을 고르세요.

### ⑥ 주키니호박
애호박보다 색이 짙고 살짝 쓴맛이 나는 호박입니다. 돼지호박이라고도 불러요. 엽산과 칼륨, 비타민이 풍부하며 칼로리가 낮아 다이어트에 좋습니다. 표면이 흠집 없이 매끈하고 위아래 끝이 마르지 않은 것이 싱싱한 것이에요.

### ⑦ 고구마
비타민C와 식이섬유가 풍부해 피로 해소를 돕고 장 운동을 활발하게 해요. 채소 중 칼로리가 높은 편입니다. 들어보았을 때 묵직하고 모양이 일정한 것이 좋아요.

### ⑧ 단호박
풍부한 비타민A와 베타카로틴이 눈을 건강하게 하고 성인병을 예방해주는 효과가 있습니다. 칼로리가 낮고 식이섬유가 풍부해 다이어트 식품으로도 좋습니다. 꼭지가 잘 말라 있고, 들었을 때 묵직한 것을 고르세요.

### 9 무

수분이 많고 비타민C가 풍부하며, 디아스타아제라는 효소가 있어 소화를 촉진시킵니다. 알싸하면서도 달콤한 맛을 가지고 있는데 계절에 따라 맛이 조금씩 달라져요. 표면이 상처 없이 매끈하고 무청이 달린 것이 좋아요.

### 10 비트

채식하면서 부족해지기 쉬운 철분이 풍부해 빈혈 예방에 효과적이에요. 붉은색 색소 베타인이 세포 손상을 억제해요.

### 11 래디시

비타민B9가 풍부하고 수분 함량이 매우 높은 서양 무예요. 품종이 다양한데 우리나라에서 방울무라고 불리는 둥글고 붉은 래디시는 매운맛이 덜해 껍질째 깨끗이 씻어 통째로 샐러드에 넣거나 후무스 등에 곁들여 먹어요

### 12 배추

칼륨, 칼슘, 비타민 등이 풍부하고 수분이 많아 이뇨 작용에 도움을 주며, 변비와 대장 질환 예방에 좋습니다. 겉잎이 진한 녹색을 띠고 속잎은 노란색을 띠는 것이 좋아요.

### 13 양배추

철분과 칼슘 등 다양한 영양소가 들어 있지만 그중 비타민U가 풍부해 위장병에 효과적입니다. 식이섬유가 풍부하고 포만감이 높아 다이어트에 효과적이에요. 들어보았을 때 묵직하고 단단하며 겉잎이 연한 녹색을 띠는 것을 고르세요.

### 14 브로콜리·콜리플라워

비타민C가 풍부해 감기 예방과 피부 건강에 효과적입니다. 줄기 부분에 영양분이 많이 들어 있으므로 버리지 말고 요리에 활용하는 것이 좋아요. 송이가 단단하고 가운데가 볼록한 것을 고르세요.

### 15 가지

보라색을 내는 색소인 안토시아닌이 항산화 작용을 해 암을 예방하는 효과가 있어요. 수분과 칼륨 또한 풍부해 이뇨 작용을 촉진하고 노폐물 배출에 도움을 주기도 합니다. 꼭지가 싱싱하고 색이 선명한 것을 고르세요.

### 16 양파

매운맛을 내는 성분인 알리신이 항산화 작용을 하고 콜레스테롤 수치를 낮춰줘요. 껍질이 잘 말라 있고 눌러보았을 때 물렁거리지 않으며 단단한 것을 고르세요.

### 17 파프리카

파프리카는 색깔이 다양한데 색깔에 따라 들어 있는 영양소가 달라요. 공통적으로 비타민C가 풍부해 피로 해소와 피부 건강에 효과적입니다. 과육의 색이 선명하고 단단하며 꼭지가 마르지 않은 것이 좋아요.

### 18 아보카도

비타민E와 필수지방산이 풍부해 피부 건강에 좋고, 콜레스테롤을 낮추는 효과가 있습니다. 껍질이 진한 녹색이고 손으로 쥐었을 때 탄력적인 것이 좋아요. 너무 단단한 것은 아직 익지 않은 것이니 실온에 두고 좀 더 익힌 뒤 섭취하세요.

### 19 셀러리

칼륨이 풍부해 나트륨을 배출하는 데 효과적이며 식이섬유가 많이 들어 있어 다이어트에 좋은 채소입니다. 연한 녹색을 띠며 줄기가 길고 단단한 것을 고르세요.

### 20 대파

항균 작용을 하는 알리신이 들어 있어 면역력을 높여주고, 식이섬유가 풍부해 장 운동을 활발하게 합니다. 줄기가 끝까지 곧게 뻗어 있고, 흰 뿌리 부분을 만져보았을 때 너무 무르지 않은 것이 좋습니다.

14

15

18

19

12

16

13

17

20

21

22

25

23

24

27

28

26

29

### 21 숙주

녹두의 영양성분을 그대로 간직하고 있는 숙주는 비타민C가 풍부해 피로 해소에 효과적입니다. 줄기가 통통하고 윤기가 있으며 뿌리 쪽이 투명한 것이 싱싱한 것이에요. 금방 상하는 편이므로 바로 조리할 만큼만 사는 것이 좋습니다.

### 22 청경채

중국 배추의 일종으로 비타민C, 칼륨, 식이섬유가 풍부하고 열량은 낮아요. 줄기 부분이 도톰하고 단단하며, 잎 부분이 넓고 부드러운 것이 좋아요.

### 23 케일

케일은 녹황색 채소 중 베타카로틴이 가장 많이 들어 있는 채소예요. 항산화 작용이 뛰어나 면역력 향상에 도움이 된답니다. 잎 표면에 반점이 없고 색이 진한 것을 고르세요.

### 24 로메인

상추의 일종으로 비타민C가 풍부하고 비타민A와 베타카로틴도 들어 있어 눈 건강에도 도움을 줍니다. 잎에 반점이 없이 깨끗하고 색이 선명하고 윤기가 나는 것을 고르세요.

### 25 루콜라

쌉싸름하고 고소한 맛으로 샐러드나 피자 토핑으로 많이 쓰여요. 비타민과 철분, 엽산 등 미네랄이 풍부하여 빈혈 예방에 좋고 피로 회복에도 도움이 됩니다. 줄기가 억세지 않고 잎이 싱싱한 것을 고르는 것이 좋아요.

### 26 깻잎

철분이 풍부해 빈혈을 예방하고 항암물질인 피톨이 들어 있어 면역력을 높이는 효과가 있습니다. 줄기가 말라 있지 않고, 잎이 부드러우며 검은 반점 없이 짙은 녹색을 띠는 것을 고르세요.

### 27 마늘

매운맛을 내는 알리신이 살균 작용을 하며 소화를 돕고 면역력을 높여줍니다. 통마늘은 들었을 때 묵직하고 쪽수가 적은 것이 좋으며, 깐 마늘은 알이 통통하고 끝부분이 뾰족한 것이 좋아요.

### 28 생강

생강 속 진저롤과 쇼가올이 혈액순환을 활발하게 해 체온을 높이고 항균 및 항염 작용을 합니다. 구토와 메스꺼움을 진정시켜주는 효과도 있어요. 상처가 없이 매끄러우며 냄새를 맡아보았을 때 매운 향기가 강한 것을 고르세요.

### 29 고추

청양고추, 풋고추, 꽈리고추 등 종류에 따라 매운맛과 쓰임이 다릅니다. 공통적으로 고추는 비타민C와 캡사이신이 풍부한데 캡사이신이 비타민C의 산화를 막아 영양소 손실이 적은 편이에요. 꼭지 부분이 싱싱하고 색이 선명한 것이 좋습니다.

# 버섯류

### ① 표고버섯
베타글루칸이 면역력을 높이고 항암 작용을 하며, 콜레스테롤을 낮춰줘요. 상처가 없이 모양이 둥글고, 두께가 두꺼운 것을 고르세요. 생표고버섯으로 섭취해도 좋지만 건표고버섯은 향이 더 깊고 비타민D를 많이 함유하고 있답니다.

### ② 새송이버섯
비타민C가 풍부하고 칼로리가 낮으며 수분이 풍부해 다이어트 식품으로 좋아요. 눌러보았을 때 단단하면서 탄력 있는 것이 좋습니다. 한입 크기만 한 미니 새송이버섯도 있어요.

### ③ 양송이버섯
양송이버섯은 버섯 중 단백질 함량이 가장 높은 버섯으로 비타민D와 식이섬유 또한 풍부해요. 색이 갈변되지 않고, 버섯의 갓과 자루가 만나는 부분이 터진 곳 없이 잘 붙어 있는 것이 좋아요.

### ④ 팽이버섯
칼로리가 매우 낮고 식이섬유와 수분이 풍부해요. 갓부터 밑동까지 희고 가지런한 것이 좋아요. 줄기가 가느다랗거나 밑동 부분의 색이 진하게 변한 것은 피하세요.

### ⑤ 만가닥버섯
백만송이버섯이라고도 불리며 단백질과 비타민이 풍부해 노화 방지에 효과적이에요. 갓은 회갈색을 띠고, 기둥이 단단한 것이 좋아요.

### ⑥ 느타리버섯
느타리버섯은 대장 내에서 지방이 흡수되는 것을 방해해 비만을 예방하는 효과가 있습니다. 갓 뒷면이 희고, 빗살무늬가 뭉그러지지 않은 것이 신선한 것이에요.

### ⑦ 목이버섯
비타민D가 풍부하고 식이섬유 함량이 매우 높아요. 말린 목이버섯을 고를 땐 갈라짐 없이 잘 마른 것이 좋고, 조리 전 미지근한 물에 불렸다가 사용하세요.

6

7

2

4

Porcini

1

5

3

. Edible mushrooms

# 콩 및 견과류

### ( 1 ) 병아리콩
단백질, 비타민, 미네랄이 풍부하고 식이섬유도 많이 들어 있어요. 표면에 흠집이 없는 것을 고르세요. 통조림으로 된 것을 사용하면 물에 불리는 과정을 생략할 수 있어 편리해요.

### ( 2 ) 캐슈너트
비타민K, 리놀레산이 풍부하고 마그네슘, 셀레늄, 구리 등 미량 영양소도 가지고 있어 콜레스테롤 수치를 낮추고 성인병을 예방하는 데 도움이 됩니다. 이물질이나 냄새가 없고 맛이 부드러운 것을 고르세요.

### ( 3 ) 아몬드
비건용 넛밀크나 넛버터를 만드는 데 자주 쓰여요. 비타민E와 불포화지방산이 풍부해 피부 미용에 좋아요. 또한 산화 방지 효과가 있어 노화를 예방해줍니다. 너무 마르지 않고 붉은 갈색을 띠는 것이 좋아요. 냄새를 잘 흡수하는 편이니 잘 밀봉해 보관하세요.

### ( 4 ) 땅콩
풍부한 불포화지방산이 콜레스테롤 수치를 낮춰주고 동맥경화를 예방합니다. 잡냄새가 나지 않으며 껍질이 잘 붙어 있는 것을 고르세요.

### ( 5 ) 잣
불포화지방산이 풍부해 피부에 탄력을 줍니다. 각종 요리에 고명으로 많이 사용해요. 표면에 깨진 것이 많고 씨눈이 거의 붙어 있지 않으며 고소한 맛이 강한 것이 국산이에요.

### ( 6 ) 두부
채식에서는 빠질 수 없는 고단백 식품이에요. 콩보다 단백질 함량이 높고 소화흡수율이 뛰어나 양질의 단백질을 섭취할 수 있습니다. 남은 것을 보관할 때는 물에 소금을 조금 넣어 담가 두는 것이 좋습니다.

### ( 7 ) 템페
콩을 발효시켜 만든 인도네시아의 대표 음식이에요. 소화가 잘 되고 필수아미노산, 비타민, 식이섬유가 모두 풍부해 단백질 공급원으로 좋습니다. 비건 레시피에서 두부나 육류 대신 활용할 수 있어요.

2

5

1

3

4

# 곡물류

### ① 오트밀

귀리의 껍질을 벗겨 익힌 뒤 압착하거나 부숴 만들어요. 다른 곡류에 비해 단백질과 비타민 B가 많고 식이섬유도 풍부해 포리지나 오버나이트 오트밀로 만들어 아침 식사 대용으로 활용하면 좋습니다.

### ② 퀴노아

퀴노아는 쌀의 2배 이상의 단백질을 함유하고 있을 뿐만 아니라 필수아미노산 8종이 골고루 들어 있어 슈퍼 푸드로 각광받는 곡물이에요. 끓는 물에 데쳐 샐러드에 넣으면 씹는 맛을 더하고, 부족한 단백질을 보충할 수 있어요.

### ③ 보리쌀

보리쌀에는 쌀보다 3배나 많은 식이섬유가 들어 있어 배변 활동에 도움을 줍니다. 쫄깃쫄깃하면서도 톡톡 터지는 식감이 특징이라 리소토나 샐러드 등 다양한 요리에 활용할 수 있어요.

### ④ 현미쌀

흰쌀에 비해 탄수화물 함량이 낮고 칼로리도 절반이라 다이어트에 도움이 됩니다. 꼭꼭 씹어 섭취하지 않으면 체내 흡수가 잘 안 되기 때문에 현미쌀로 만든 음식을 먹을 때는 최소 30회 이상 씹어서 드세요.

### ⑤ 감자전분

감자에서 추출한 전분으로 이 책에서는 주로 채소를 튀길 때 튀김옷으로 활용해요. 다른 전분가루보다 튀김옷이 더 얇고 바삭바삭한 튀김을 만들 수 있어요.

# 과일류

## 1 사과

유기산과 비타민C가 풍부해요. 껍질에 들어 있는 퀄세틴은 항산화 작용이 뛰어나니 껍질째 깨끗이 씻어 함께 섭취하는 것이 좋아요. 껍질에 흠집이 없고 탄력이 있는 것을 고르세요.

## 2 바나나

지방 함량이 거의 없고, 식이섬유가 많아 다이어트에 효과적이에요. 껍질에 흠집 없이 색이 고르고, 검은 반점이 하나둘 생기기 시작할 때가 가장 맛이 좋아요. 껍질을 벗겨 한입 크기로 썬 뒤 지퍼백에 담아 냉동해두면 스무디 만들 때 편리해요.

## 3 오렌지

비타민C와 구연산이 풍부해 피로 해소와 피부 건강에 좋고 감기를 예방합니다. 들어보았을 때 묵직하고 껍질이 부드러운 것을 고르세요.

## 4 레몬

비타민C가 풍부하지만 파괴되기 쉬워 생으로 먹는 것이 좋습니다. 과육뿐만 아니라 껍질을 곱게 갈아 향긋한 제스트로 활용할 수 있어요. 눌러보았을 때 말랑말랑한 것이 좋아요.

## 5 자몽

흰 속껍질 나린진이라는 물질이 체중 감량에 도움을 줍니다. 펙틴 또한 풍부해 콜레스테롤 수치를 낮추고 혈관질환을 개선해줘요. 완전히 둥근 형태를 띠고 들었보았을 때 묵직한 것이 좋아요.

## 6 키위

비타민C와 비타민E, 식이섬유가 풍부해요. 껍질이 윤기 돌고 탄력이 있으며, 눌러보았을 때 말랑말랑한 것이 맛있어요. 그린키위와 골드키위가 있는데 골드키위가 단맛이 더 강해요.

## 7 망고

비타민A, B, C가 모두 풍부하고 철분도 많이 들어 있어요. 당분이 많고 칼로리가 높은 편이기 때문에 너무 많은 양을 섭취하지 않도록 합니다. 색과 향이 진한 것이 좋아요.

## 8 토마토

비타민과 미네랄이 모두 풍부한데, 특히 붉은색을 내는 라이코펜이 항산화 작용을 해 노화를 방지하고 암을 예방합니다. 지용성 비타민이 풍부하므로 기름과 함께 조리하면 영양소 섭취를 늘릴 수 있어요. 선명한 빨간색을 띠고, 꼭지가 싱싱한 것으로 고르세요.

# 허브류

## ① 바질

토마토를 사용한 요리와 아주 잘 어울리는 허브예요. 신선한 잎이나 잎을 말려 가루로 된 것을 모두 사용하는데, 생바질을 고를 때는 잎에 상처 없이 진한 초록색을 띠며 윤기가 나는 것이 좋아요.

## ② 파슬리

요리에 자주 쓰이는 대표적인 향신료로 향이 강하지 않아 여러 재료와 조화를 잘 이루는 허브예요. 잎 끝 부분이 구불구불한 컬리 파슬리(Curly Pasley)와 넙적한 잎을 가진 이탈리안 파슬리(Italian Pasley)가 있는데, 이 책에서는 컬리 파슬리보다 부드러운 향을 가진 이탈리안 파슬리를 사용합니다.

## ③ 고수

동남아 요리나 중국 요리에 자주 사용되는 향이 매우 강한 향신료로, 영어로는 코리앤더 (Coriander)라고도 불려요. 호불호가 강한 허브라 기호에 맞지 않는다면 생략하세요. 잎과 줄기가 연하고 고수 특유의 향이 강한 것이 좋아요.

## ④ 애플민트

달콤하면서도 청량한 향이 특징인 민트의 일종이에요. 상큼한 주스나 샐러드의 가니시로 잘 어울려요. 잎 전체가 부드러운 솜털로 덮여 있는 것을 고르세요.

## ⑤ 차조기(소엽)

깻잎처럼 생긴 허브예요. 일본에서 회에 곁들이거나 튀김으로 많이 이용하며, 시소(紫蘇)라고 불립니다. 우리나라에서는 많이 알려지지 않은 허브지만, 향긋하고 독특한 향으로 여러 요리에 포인트로 사용하기 좋습니다.

5

3

2

4

1

1

SMOKED
PAPRIKA

MORTON & BASSETT
SAN FRANCISCO

ALL NATURAL ◆ SALT FREE
GLUTEN FREE ◆ NON-GMO
PRESERVATIVE FREE
NO MSG ◆ NON-IRRADIATED
2 OZ ◆ 57g

4

2

3

RED
CHILI
FLAKES

MORTON & BASSETT
SAN FRANCISCO

ALL NATURAL ◆ SALT FREE
GLUTEN FREE ◆ NON-GMO
PRESERVATIVE FREE
NO MSG ◆ NON-IRRADIATED
1.3 OZ ◆ 37g

5

RED
CHILI
FLAKES

MORTON & BA
SAN FRANC

# 향신료

### ① 후추
후추나무 열매를 건조시킨 향신료로 매콤한 향으로 잡내를 없애고 식욕을 돋웁니다. 열매가 익기 전 수확해 말린 것이 검은 후추, 익은 열매의 껍질을 벗겨 건조시킨 것이 흰 후추예요. 맛과 향은 검은 후추가 더 강해요. 가루로 된 것보다 통후추를 구입해 쓸 때마다 갈아서 써야 향이 진해요.

### ② 큐민
톡 쏘는 쓴맛을 가진 향신료로 커리나 칠리파우더를 만들 때 주로 사용해요. 열매를 통째로 말린 것과 말린 열매를 가루로 만든 것이 있는데, 이 책에서는 가루로 된 큐민을 사용합니다. 요리에 이국적인 맛을 낼 때 좋아요.

### ③ 강황
커리의 주 원료로 터메릭(Tumeric)이라고도 불립니다. 노란색 색소로도 사용되는 커큐민 성분이 염증을 억제하고 항암 작용을 도와요. 주로 말려서 빻은 가루를 사용하는데 향이 쉽게 날아가므로 밀봉해 보관합니다.

### ④ 파프리카 파우더
파프리카 향과 함께 살짝 매콤한 맛이 나는 향신료예요. 다양한 요리의 양념에 활용할 수 있습니다.

### ⑤ 칠리 플레이크
마른 홍고추를 씨와 함께 거칠게 부순 향신료로 매운맛과 향을 낼 때 사용합니다. 구하기 어렵다면 집에 있는 믹서에 마른 고추를 꼭지만 떼고 거칠게 갈아 사용해도 좋아요.

# 소스류

### ① 올리브오일
불포화지방산과 비타민E가 풍부해 피부 미용과 노화방지에 효과가 있어요. 엑스트라버진 올리브오일 같은 고급 올리브유는 발연점이 낮아 높은 온도로 조리하면 영양 성분이 모두 파괴될 수 있으므로 가열하지 않는 샐러드 드레싱이나 소스에 활용하는 것이 좋습니다.

### ② 발사믹식초
포도즙을 숙성시킨 식초로, 유기산이 풍부해 피로 회복에 좋답니다. 새콤하면서도 깊은 맛과 향을 지니고 있어 샐러드 드레싱의 재료로 많이 사용합니다.

### ③ 아가베 시럽
용설란 뿌리에서 추출한 수액을 끓여 만든 시럽으로 당도가 설탕보다 1.5배 더 높지만 칼로리는 절반에 불과해요. 선인장에서 추출했지만 특유의 맛이 나 향이 없고 찬물에 잘 녹아 여러 요리에 설탕 대신 두루 활용할 수 있어요.

### ④ 머스터드 소스
겨자를 물이나 식초 등에 넣고 먹기 좋게 개어둔 소스로, 유래된 지역이나 들어가는 재료에 따라 종류가 아주 다양해요. 이 책에서는 겨자맛이 강한 디종 머스터드와 향이 부드럽고 겨자 알갱이가 씹히는 홀그레인 머스터드를 주로 사용해요.

### ⑤ 스리라차 소스
매운 고추와 식초, 설탕, 소금을 이용해 만든 태국식 칠리소스로, 새콤하면서도 칼칼한 맛이 나요. 다른 소스에 비해 칼로리가 매우 낮아 다이어트에도 좋아요. 요리에 매운맛을 내거나 드레싱을 만들 때 사용합니다.

## 대체육&비건 치즈류

### ① 대체육

콩에서 추출한 단백질과 곡물가루, 다양한 향신료로 고기의 맛과 식감을 구현한 식물성 고기예요. 비트로 먹음직스러운 붉은빛을 내고, 코코넛오일로 고기의 촉촉한 육즙을 재현해 냈어요. 종류로는 버거 패티, 구이용 슬라이스, 다짐육 등이 있는데 다른 재료들과 맛이 어우러져 시판 고기 맛과 흡사한 맛을 내요. 이 책에서는 대체육으로 만든 머시룸 햄버거 레시피p.186와 불고기 반미 레시피p.154를 소개합니다.

### ② 비건 치즈

우유가 아닌 코코넛오일이나 밀 전분을 발효하여 만든 식물성 치즈로 모차렐라치즈, 슬라이스치즈, 파르메산치즈 등이 있어요. 피자, 샐러드, 파스타, 수프 등 다양한 비건 요리에 쓰여 맛과 풍미를 높여줍니다. 시판 비건 치즈 외에 두유나 두부 등으로 홈메이드 비건 치즈를 만들 수 있습니다. 이 책에서는 두유로 만든 홈메이드 리코타치즈 레시피(시트러스 리코타 샐러드p.174)를 소개하고, 시판 비건 치즈로 만든 가지 라자냐p.218, 피타브레드 루콜라 피자p.228를 담았어요.

**요즘 뜨는 식물성 고기,**
**언리미트**
**UNLIMEAT**

대체육에 대한 관심이 뜨겁습니다. 과거의 콩고기와 달리 요즘 식물성 고기는 맛과 영양 두 마리 토끼를 모두 잡았기 때문이죠. 그중 가장 주목받고 있는 대체육은 바로 언리미트입니다.

언리미트는 지속 가능한 미래의 식품을 표방하며, 영양까지 생각한 100% 식물성  대체육을 선보이고 있습니다. 구이용, 다짐육, 패티, 풀드 바비큐 등 종류 또한 다양해 여러 가지 요리에 활용할 수 있어요.

# 아침, 점심, 주말
# 채식 제대로 맛내기

04

## 맛있는 채식 요리의 시작, 계량하기

맛내기에 익숙하지 않은 요리 초보자라면 정확한 계량이 필수예요. 이 책에서 사용하는 계량스푼과 계량컵, 디지털 저울의
올바른 사용법을 알아두세요. 계량만 제대로 한다면 누구나 실패 없이 맛있는 채식을 만들 수 있답니다.

### 계량스푼(1큰술_15mL, 1작은술_5mL)

가루나 장류는 수북하게 담은 뒤 젓가락이나 칼등으로 평평하게 깎고, 액체는
넘치지 않을 정도로 찰랑거리게 담아요.

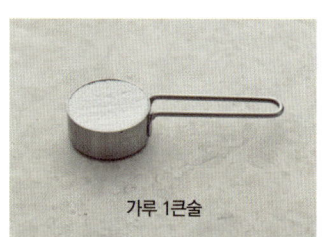

가루 1큰술

### 계량컵(1컵_200mL)

액체로 된 재료는 계량컵에 담은 뒤 편평한 곳에 올려놓고 눈금과 같은 높이에
서 읽어야 정확해요. 유리나 투명한 내열플라스틱으로 된 계량컵을 고르면 눈
금을 정확히 확인할 수 있어 편리해요.

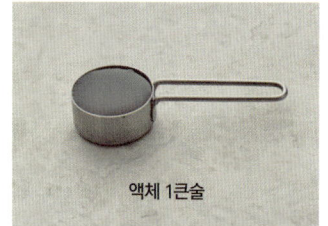

액체 1큰술

### 디지털 저울

0.1g 단위까지 계량할 수 있는 디지털 저울이 좋아요. 평평한 곳에 올려놓고
사용해야 정확히 계량할 수 있어요. 그릇과 함께 계량할 때는 그릇을 먼저 올
려 영점(Tare) 버튼을 누르고 재료를 담아 측정합니다.

장류 1큰술

# 이 책에서 사용하는 조리도구

몇 가지 조리도구만 갖추면 더 쉽고 간단하게 채식을 만들 수 있답니다. 이 책에서 자주 사용하는 조리도구 몇 가지를 소개합니다.

## ① 믹서
과일, 채소, 곡물 등 재료를 갈아 주스, 스무디, 수프, 샐러드 드레싱 등을 만들 때 자주 사용합니다. 뜨거운 수프를 냄비에서 곱게 갈아야 할 때는 핸드형 믹서도 편리해요.

## ② 푸드 프로세서
재료를 잘게 다지거나 반죽을 만드는 데 사용합니다. 제품에 따라 칼날을 바꿔 믹서나 거품기로 사용할 수 있는 제품도 있습니다. 푸드 프로세서가 없는데 재료를 잘게 다져야 한다면 믹서의 커터 기능을 사용하고, 중간중간 뚜껑을 열어 잘 뒤섞어주면 됩니다.

## ③ 체
물에 씻은 채소나 국수의 물기를 뺄 때 사용합니다. 망이 성긴 것과 촘촘한 것이 있는데, 버미셀리같이 얇은 면을 사용하는 경우도 있으므로 망이 촘촘한 것으로 준비하는 것이 좋아요.

## ④ 거품기
반죽이나 액체 재료를 고루 섞을 때 사용합니다. 크기가 작은 거품기도 있는데 적은 양의 드레싱을 섞을 때 편리합니다.

## ⑤ 제스터
레몬이나 오렌지, 자몽 등 감귤류 과일의 껍질을 얇게 긁어내거나 곱게 갈 때 사용하는 도구입니다. 작은 날이 돌출된 강판에 과일 껍질을 긁어 제스트를 만드는 강판형과 감자 필러처럼 껍질에 대고 긁어 제스트를 만드는 필러형이 있습니다.

## ⑥ 줄리엔 필러
당근이나 애호박 등 단단한 채소에 대고 긁으면 쉽게 채소 면을 만들어주는 도구입니다. 줄리엔 필러가 없다면 채칼을 사용하거나 칼로 길고 얇게 채 썰어 채소 면을 만들 수 있습니다.

## ⑦ 면포
두부나 리코타치즈 등 부드러운 재료를 으깨거나 물기를 뺄 때 혹은 찜기에 깔아 음식이 달라붙는 것을 방지할 때 쓰입니다. 조직이 너무 촘촘하지 않은 무명천을 주로 사용해요.

## ⑧ 스퀴저
레몬이나 오렌지, 자몽 등 감귤류 과일을 반 잘라 스퀴저 콘에 대고 눌러 즙을 짜는 도구입니다. 스퀴저로 직접 즙을 짜 넣으면 시판 주스를 사용할 때보다 과일 향이 살아 있는 신선한 요리를 만들 수 있어요.

# 이렇게 하면 플렉시테리언 어렵지 않아요

### 아침 비건  아침을 깨우는 신선한 주스 만들기

**믹서에는 부드럽고 물기가 많은 재료부터 넣으세요.**

믹서에 부드럽고 물기가 많은 재료부터 넣으면 쉽게 재료를 갈 수 있어요. 두유나 넛밀크, 요거트 등 액체로 되어 있거나 물기가 많은 재료가 있다면 그것부터 넣어보세요. 칼날 주변에 물기 있는 재료가 있을수록 잘 갈린답니다.

**착즙 주스로도 만들어보세요**

당근이나 비트 등 믹서에서 갈면 주스 펄프가 많이 나오는 재료들이 있어요. 펄프 또한 영양소가 풍부해 함께 섭취하는 것이 좋지만 목넘김이 껄끄러워 마시기 힘들다면 착즙기를 사용해 주스를 만들어보세요. 목넘김이 부드럽고 훨씬 더 깔끔한 맛의 주스를 만들 수 있어요.

### 점심 비건  든든한 점심 도시락 싸기

**전날 밤 밑준비를 해두면 빠르게 준비할 수 있어요**

점심 비건 도시락에는 다양한 채소가 들어가요. 손질법 또한 다양한데, 바쁜 아침 일일이 손질하기 힘들다면 전날 밤 미리 준비해두는 것도 방법입니다. 채소를 썰거나 미리 볶아두고 밀폐용기에 잘 밀봉해 냉장 보관해두면 아침에 빠르게 조리할 수 있어요.

**도시락 용기는 구입 전에 밀폐력을 확인하세요**

도시락은 기본적으로 밀폐가 잘 되는 제품을 골라야 합니다. 구매 전 고무패킹이 있는지, 잠금장치가 튼튼한지 확인해보세요. 플라스틱으로 된 것을 고를 때는 전자레인지를 사용할 수 있는 것이 편리해요.

### 주말 비건  온 가족이 즐기는 주말 식탁 차리기

**재료 추가해 일반식으로도 만들 수 있어요.**

이 책은 채식을 하지 않을 때나 비건이 아닌 가족들 혹은 친구와 함께 식사할 때 채식과 일반식 두 가지로 준비할 수 있도록 일반식 레시피도 함께 제공합니다. 팁 아래 '일반식으로 만들기'를 참고해보세요. 메뉴에 잘 어울리는 추가 재료와 조리법을 소개해두었어요. 레시피를 간단하게 변형해 모두가 함께 즐길 수 있는 요리를 만들 수 있습니다.

# 영양성분표로 시판 비건 식품 고르는 법

우리가 구매하는 식품의 포장에는 영양성분표가 표시되어 있습니다. 성분표는 칼로리나 나트륨, 포화지방 함량 등 많은 정보들을 담고 있는 유용한 정보입니다. 또한 해당 식품을 만들 때 들어간 원재료명과 함량도 알려줘 직접 채식을 만들 수 없을 때 비건 식품을 고르는 데 도움을 줍니다. 동물성 재료가 들어가지 않을 것 같은 식품에도 색소 등 예상치도 못한 곳에 동물성 재료가 들어간 것들이 많아요. 제대로 된 채식을 하려면 성분표를 정확하게 읽을 수 있는 것이 좋아요.

이 식품을 1회분 섭취했을 때 얻을 수 있는 영양소 비율입니다.(하루 권장섭취량이 2,000kcal인 성인 기준)

1회 권장 섭취량과 1회분 섭취 시 얻는 칼로리입니다.

## 영양정보

총 내용량 1,989g(11.7g×170개)

1개(11.7g)당 **50kcal**

| 나트륨 | 5mg | 0% | 트랜스지방 | 0g | |
|---|---|---|---|---|---|
| 지방 | 1.4g | 3% | 단백질 | 0g | 0% |
| 콜레스테롤 | 0mg | 0% | 당류 | 5.7g | 6% |
| 탄수화물 | 9g | 3% | 포화지방 | 1.4g | 9% |

1일 영양성분 기준치에 대한 비율(%)은 2,000 kcal 기준이므로 개인의 필요 열량에 따라 다를 수 있습니다.

| 식품유형 | 커피 | 중량 | 1,989g(11.7g×170개) |
|---|---|---|---|
| 원재료명 | 자일로스 슈거[설탕, 자일로오스, 난소화성말토덱스트린], **무지방우유 함유 프리마**[올리고당, 식물성경화유지(코코넛 오일(인도네시아산, 필리핀산)}, **무지방 농축우유(국산)**, 제이인산칼륨, **농축우유단백분말**], 커피(커피원두 : 페루산 40%, 브라질산 30%) 10.25% `우유 함유` | | |

식품을 만드는 데 들어간 원재료명과 함량을 확인할 수 있습니다.

**고기, 우유, 달걀 외 주의해야 할 논비건(Non-Vegan) 성분:** 탈지분유, 젖산과 유당, 젤라틴, 비타민D3(동물유래추출비타민), 카르민, 케라틴, 코치닐, 라놀린, 셸락, 라놀린, 5'-이노신산이나트륨 등

# 기본 레시피

## Chapter 2

비건 마요네즈, 비건 밀크, 비건 버터 등 채식을 시작하기 전에 알
아두면 좋은 기본 레시피들이 있어요. 비건 레시피에서 우유, 달걀
대신 쓰여 요리의 맛과 질감을 비슷하게 내도록 도와주는 것들이
랍니다. 일반식을 만들 때도 두루 활용할 수 있어 유용해요.

# 캐슈 마요네즈

냉장 보관
5~7일

캐슈너트를 듬뿍 넣어 고소하면서도 부드러운 맛이 매력적인 비건 마요네즈예요.
오일이 거의 들어가지 않아 많이 먹어도 부담스럽지 않아요. 빵에 발라 먹어도 맛있고
샐러드 드레싱, 디핑 소스의 베이스로 활용해도 좋아요.

**재료 · 약 300mL**

○ 캐슈너트 1컵
○ 마늘 1톨
○ 올리브오일 2큰술
○ 레몬즙 2큰술
○ 디종 머스터드 2작은술
○ 소금 ½작은술
○ 후춧가루 약간
○ 물 ½컵

**만들기**

① 캐슈너트는 물에 담가 반나절 이상 불린다.

② 믹서에 불린 캐슈너트와 나머지 재료들을 넣고 곱게 간다.

## Tip

캐슈너트를 미리 불려놓지 못했을 경우, 뜨거운 물에 30분 정도 불리면 돼요.
캐슈너트를 물에 불려 갈아야 부드러운 마요네즈를 만들 수 있답니다.

# 두유 마요네즈

일반 마요네즈와 맛이 가장 비슷한 마요네즈를 찾는다면 두유 마요네즈를 추천할게요.
달걀이 들어간 마요네즈와 맛이 거의 비슷한데, 좀 더 깔끔하고 담백해요.
재료와 만드는 법이 간단해 누구나 실패 없이 만들 수 있어요.

**재료 · 약 300mL**

○ 무가당 두유 100mL
○ 카놀라유 150mL
　(포도씨유나 현미유도 가능)
○ 레몬즙 또는 사과식초 1큰술
○ 아가베 시럽 또는 설탕 1작은술
○ 소금 ¼작은술

**만들기**

① 큰 컵이나 오목한 그릇에 모든 재료를 넣는다.

② 마요네즈처럼 되직해질 때까지 핸드믹서로 20~30초 정도 간다.

**Tip**

＊ 핸드믹서가 없다면 일반 믹서로도 만들 수 있어요. 믹서를 사용할 때는
　중간중간 마요네즈의 질감을 확인하며 만드세요.

＊ 두유와 오일의 비율에 따라 마요네즈의 질감이 달라져요. 드레싱 베이스로
　사용할 때는 두유와 오일을 1:1로 넣어 묽게 만들고, 빵이나 크래커에 바르는
　스프레드용으로 사용한다면 1:2 비율로 되직한 마요네즈를 만들어보세요.

# 아몬드 밀크

냉장 보관
3일

아몬드와 물, 소금만 넣어 만든 아몬드 밀크예요. 깔끔하면서도 아몬드의 고소한 맛이 살아있답니다. 마실 때 아가베 시럽이나 메이플 시럽으로 단맛을 더해도 맛있어요. 유당 불내증이 있다면 우유 대체품으로 활용할 수 있고, 칼로리가 낮아 다이어트용 음료로도 좋아요.

**재료 · 약 800mL**

○ 생아몬드 1컵
○ 물 4컵
○ 소금 약간

**만들기**

1. 아몬드는 완전히 잠기도록 물에 담가 반나절 이상 불린다.
   불린 아몬드는 체에 밭쳐 물기를 빼둔다.
2. 믹서에 불린 아몬드와 물, 소금을 넣고 곱게 간다.
3. 면포에 ②를 붓고 꽉 짜 아몬드 밀크를 걸러낸다.
   면포가 없다면 고운체를 사용한다.

Tip

* 물을 3컵으로 줄이면 더 진한 맛의 아몬드 밀크를 만들 수 있어요.
* 아몬드 펄프(아몬드 밀크 찌거기)는 냉동 보관해두었다가 쿠키나 빵을 만들 때 사용하거나 아몬드 가루를 만들 수 있어요. 아몬드 가루는 아몬드 펄프를 100℃로 예열된 오븐에서 2시간 정도 3~4번 잘 뒤섞어가며 구운 뒤 식혀서 믹서에 곱게 갈면 돼요.

# 캐슈 밀크

냉장 보관
3일

캐슈너트를 갈아 만든 넛밀크예요. 만드는 법은 아몬드 밀크와 동일하지만,
캐슈너트가 가지고 있는 고유의 맛 덕분에 아몬드 밀크보다 더 부드럽고 고소해요.
그냥 마셔도 좋지만 포리지나 수프에 부드러운 맛을 더하고 싶을 때 활용하면 좋아요.

**재료 · 약 800mL**

○ 생캐슈너트 1컵
○ 물 4컵
○ 소금 약간

**만들기**

① 캐슈너트는 완전히 잠기도록 물에 담가 반나절 이상 불린 뒤
  체에 밭쳐 물기를 뺀다.

② 믹서에 불린 캐슈너트와 물, 소금을 넣어 곱게 간다.

③ 면포에 ②를 붓고 꽉 짜 캐슈 밀크를 걸러낸다.
  면포가 없다면 고운체를 사용한다.

Tip

캐슈 밀크는 아몬드 밀크보다 펄프가 적어 면포나 고운체로 거르는 과정을
생략해도 좋아요. 이 과정을 생략하면 펄프를 거른 것보다 진한 맛이 나니
취향에 따라 만들어보세요.

# 코코넛 요거트

냉장 보관
5~7일

달큼한 코코넛 향이 솔솔 나는 코코넛 요거트예요. 그릭 요거트같이 단단한 질감을 가지고 있어 과일이나 그래놀라와 곁들여도 좋고 팬케이크나 와플, 파운드케이크에 생크림 대신 얹어 먹어도 잘 어울려요. 발효 온도만 잘 지켜주면 만들기도 쉽습니다.

## 재료 · 약 500mL

○ 코코넛 밀크 500mL
○ 프로바이오틱스 캡슐 2개

## 만들기

1  냄비에 천을 깔고 유리병이 담길 정도로 찬물을 부은 뒤
   중간 불에서 10분 이상 끓여 열탕 소독한다.
   유리병은 건져내 마른 천이나 식힘망 위에 엎어두고
   물기를 완전히 말린다.

2  소독한 용기에 코코넛 밀크를 붓고,
   유산균 캡슐을 열어 가루를 넣고 고루 섞는다.

3  용기의 입구를 면포로 덮어 따뜻한 곳(23~45℃)에서
   하루 이상 발효시킨다. 요거트가 잘 발효되면 유청이 분리돼
   질감이 단단해지며 시큼한 냄새가 난다.

## Tip

* 계절이나 주변 온도에 따라 발효되는 시간이 달라요. 더운 여름에는 발효가 더
  빨리 진행되고, 겨울에는 더디게 진행됩니다. 최소 24시간부터 최대 48시간
  정도 걸릴 수 있으니 중간중간 발효 상황을 확인하는 것이 좋아요.
* 조리과정 ③에서 용기 입구에 덮는 면포는 유산균이 숨쉴 수 있는 구멍을
  만들어주기 위한 것이므로 요리용 거즈나 드립커피용 여과지 등으로 대체할 수
  있어요. 완전히 밀폐돼 유산균이 숨을 쉴 수 없는 뚜껑만 아니면 된답니다.
* 좀 더 되직한 요거트를 원한다면 완성된 요거트를 면포나 거즈에 올린 뒤 체에
  받쳐 2~3시간 동안 유청을 좀 더 분리해보세요.

# 아몬드 버터

❄️ 냉장 보관
1주

오일은 한 방울도 들어가지 않은 아몬드 100% 비건 버터예요.
쿠키나 빵을 구울 때 버터 대신 사용해도 되고, 크래커나 빵에 발라 먹어도 맛있어요.
열탕 소독한 병에 담아 냉장 보관하면 2주 정도 보관할 수 있으니
한 번에 넉넉히 만들어 여러 요리에 활용해보세요.

**재료 · 약 400mL**

○ 아몬드 2컵
○ 소금 약간

**만들기**

1. 오븐 팬에 아몬드를 고르게 펼쳐 올리고 180℃로 예열한 오븐에서
   5~7분 정도 노릇하게 구운 뒤 식힌다.

2. 믹서에 구운 아몬드와 소금을 넣고 곱게 간다.
   뻑뻑해서 잘 갈리지 않을 때는 카놀라유나 포도씨유같이 향이 없는
   오일을 1~2큰술 넣어 간다.

Tip

★ 에어프라이어에 견과류를 구울 때는 180℃에서 중간중간 잘 뒤집어가며
   10~12분간 노릇하게 구워주세요.

# 캐슈 버터

냉장 보관
1주

캐슈너트와 소금을 갈아 간단하게 만들 수 있는 캐슈 버터예요.
아몬드 버터보다 더 크리미한 맛이 특징이랍니다. 비건 베이킹이나 스프레드,
드레싱, 디핑 소스의 베이스로 다양하게 활용할 수 있어요.

**재료 · 약 300mL**

○ 캐슈너트 2컵
○ 소금 약간

**만들기**

1. 오븐 팬에 캐슈너트를 고르게 펼쳐 올리고 180℃로 예열한 오븐에서
   5~10분 정도 노릇하게 구운 뒤 식힌다.

2. 믹서에 구운 캐슈너트, 소금을 넣고 곱게 간다.
   뻑뻑해서 잘 갈리지 않을 때는 카놀라유나 포도씨유같이 향이 없는
   오일을 1~2큰술 넣어 간다.

Tip

\* 열탕 소독한 병에 담아 냉장 보관하면 2주 정도 보관할 수 있어요.
  열탕 소독하는 방법은 코코넛 요거트<sup>p.64</sup> 조리과정 ①을 참고하세요.

# 채수

냉장 보관
3~4일

여러 가지 채소를 푹
끓여 깊은 맛을 우려낸
밑국물이에요.
수프나 찌개, 탕 등 국물
요리할 때 물 대신 넣으면
감칠맛이 더해져 맛이
더욱 풍부해져요. 채소
뿌리와 껍질에 영양분이
많이 들어있으니
껍질째 깨끗이 씻어
사용하세요.

**재료 · 약 1L**

○ 당근 1개
○ 양파 1개
○ 대파 1대
○ 무 5cm(300g)

○ 마늘 4톨
○ 통후추 ½작은술
○ 물 1.5L

**만들기**

① 당근, 양파, 대파, 무는 껍질째 깨끗이 씻어 큼지막하게 썬다.

② 냄비에 채소와 물, 통후추를 넣고 강한 불에서 끓인다.
　　채수가 끓기 시작하면 중약불로 낮춰 1시간 정도 더 끓인다.

③ 체로 건더기를 건져내거나 국물만 따라 내 밀폐용기에 담아 보관한다.

## Tip

* 표고버섯이나 셀러리 등 자투리 채소들을 넣어 만들면 채수맛이 더 풍부해지니
　취향에 따라 가감해보세요.
* 넉넉히 만들어 소분해 얼려두었다가 필요할 때 꺼내 쓰면 편리해요.

# 토마토 카순디 소스

냉장 보관
3~4일

뉴질랜드 비건 카페에서 배운 인도 전통 토마토소스예요. 감칠맛과 함께
여러 가지 향신료의 스파이시함도 느낄 수 있어요. 뉴질랜드에서는 주로 샌드위치 빵에 바르는
스프레드로 사용했는데 다양한 요리의 디핑 소스로도 잘 어울려요.

**재료 · 약 500mL**

○ 선드라이 토마토 1컵
○ 당근 1개(200g)
　(또는 빨강 파프리카 1개)
○ 생강 2톨(10g)
○ 마늘 3톨
○ 머스코바도 설탕(원당) 5큰술
○ 올리브오일 5큰술
○ 사과식초 4큰술
○ 강황 가루 1큰술
○ 소금 1큰술
○ 칠리 플레이크 1작은술
○ 후춧가루 ¼작은술

**만들기**

1　당근은 껍질을 제거하고 한입 크기로 썬다.
　　파프리카를 사용할 경우 꼭지와 씨를 제거한 뒤 한입 크기로 썬다.

2　생강은 흐르는 물에 흙을 털어낸 뒤
　　칼등이나 숟가락으로 긁어 껍질을 벗긴다.

3　믹서에 모든 재료를 넣고 곱게 간다.

Tip

＊ 머스코바도 설탕이 없다면 황설탕으로 대체할 수 있어요.
＊ 열탕 소독한 병에 담아 냉장 보관하면 7일 정도 보관할 수 있어요.

# 그래놀라

실온 보관
1~2주

시리얼 대용으로 좋은 고소하고 바삭바삭한 그래놀라, 집에서 만들어보세요.
기호에 따라 다양한 건과일을 추가하면 맛이 더 풍부해져요. 잘 밀봉해 냉동 보관하면 3달까지
먹을 수 있으니 넉넉히 만들어보세요. 선물하기도 좋답니다.

## 재료 · 약 600g

○ 롤드 오트(압착 귀리) 2컵
○ 아몬드 슬라이스 ½컵
○ 해바라기씨 ½컵
○ 호박씨 ¼컵
○ 아마씨 2큰술
○ 아가베 시럽 또는 설탕 3큰술
○ 카놀라유 3큰술
  (포도씨유 또는 현미유도 가능)
○ 소금 약간

## 만들기

① 볼에 모든 재료를 넣고 고루 섞는다.

② 오븐 팬에 유산지를 깔고 그래놀라를 골고루 펼쳐 올린다.

③ 180℃로 예열된 오븐에 넣고 4~5분간 구운 뒤
  오븐에서 꺼내 잘 섞고 다시 4~5분 더 굽는다.

### Tip

* 호두, 피칸, 캐슈너트 등 집에 있는 견과류를 추가해도 좋아요.

# 비건 배추김치

새우젓이나 액젓을 넣지 않고도 충분히 맛있는 비건 배추김치예요.
매실청과 국간장으로 감칠맛을 더해 일반 김치 맛 못지않답니다.
매실청 대신 생강청이나 홍시를 으깨 넣으면 익숙하면서도 한끗이 있는 맛의
김치를 만들 수 있으니 꼭 한 번 도전해보세요.

## 재료

○ 배추 1포기
○ 무 300g
○ 쪽파 5대
○ 천일염 1½컵

**찹쌀풀**
○ 찹쌀가루 1큰술
○ 물 1컵

**김치 양념**
○ 고춧가루 1컵
○ 국간장 2큰술
○ 매실청 2큰술
○ 다진 마늘 2큰술
○ 다진 생강 1작은술
○ 소금 1큰술

## 만들기

① 배추는 지저분한 겉잎을 떼어내고 밑동을 자른다.

② 밑동 부분에 칼집을 내어 배추를 반으로 쪼갠 뒤 다시 밑동에 칼집을
넣고 흐르는 물에 가볍게 씻는다.

③ 넓은 대야에 물 1L와 소금 ½컵을 붓고
소금이 녹을 때까지 잘 섞은 뒤 배추를 담가 소금물을 적신다.

④ 자른 배추 속 사이사이에 소금 1컵을 골고루 뿌려 절인다(여름에는
3~4시간, 겨울에는 8~10시간). 중간에 두 번 정도 뒤집어준다.

⑤ 절인 배추는 깨끗한 물에 3~4번 헹군 뒤 배추 속이 아래로 가게 해서
1시간 정도 물기를 뺀다.

⑥ 무는 채 썰고 쪽파는 3cm 길이로 썬다.

⑦ 냄비에 물과 찹쌀가루를 넣고 걸쭉해질 때까지 저어가며
1~2분 정도 끓인다. 찹쌀풀이 완성되면 불에서 내려 완전히 식힌다.

⑧ 볼에 무, 쪽파, 김치 양념 재료, 찹쌀풀을 넣고 골고루 섞어
김치 소를 완성한다.

⑨ 배춧잎 사이사이에 김치 소를 골고루 넣는다.

⑩ 밀폐용기에 옮겨 담아 하루 정도 실온에서 숙성시킨 뒤
냉장고에 넣어 보관한다.

## Tip

★ 시판 절임배추를 활용하면 조리과정 ①~④를 생략할 수 있어요.

★ 조리과정 ⑨에서 배추를 먹기 좋은 크기로 잘라 맛김치를 만들면 간이 빨리
배어 익는 시간을 줄일 수 있고, 먹기 전에 자르지 않아도 돼 편해요.

# 비건 백김치

맵지 않아 남녀노소 즐길 수 있는 비건 백김치예요.
개운하고 시원한 맛이 여러 음식과 두루 잘 어울린답니다.
여름에는 잘 익은 백김치 국물에 소면을 삶아 넣고,
채 썬 백김치를 고명으로 올려 별미로 즐겨보세요.

## 재료

○ 배추 1포기
○ 무 200g
○ 쪽파 4대
○ 당근 50g
○ 양파 ½개
○ 배 ½개
○ 마늘 5톨
○ 생강 2톨(10g)
○ 물 1컵
○ 천일염 1½컵+2큰술

**밀가루풀**
○ 밀가루 1큰술
○ 물 1컵

**다시마 물**
○ 다시마(15cm×15cm) 1장
○ 물 1L

## 만들기

① 배추는 지저분한 겉잎을 떼어내고 밑동을 자른다.

② 밑동 부분에 칼집을 내어 배추를 반으로 쪼갠 뒤 다시 밑동에 칼집을
넣고 흐르는 물에 가볍게 씻는다.

③ 넓은 대야에 물 1L와 소금 ½컵을 붓고
소금이 녹을 때까지 잘 섞은 뒤 배추를 담가 소금물을 적신다.

④ 자른 배추 속 사이사이에 소금 1컵을 골고루 뿌려 절인다(여름에는
3~4시간, 겨울에는 8~10시간). 중간에 두 번 정도 뒤집어준다.

⑤ 절인 배추는 깨끗한 물에 3~4번 헹군 뒤 배추 속이 아래로 가게 해서
1시간 정도 물기를 뺀다.

⑥ 물 1L에 다시마를 넣고 1시간 이상 우려 다시마 물을 만든다.

⑦ 무와 당근은 채 썰고, 쪽파는 4cm 길이로 썬다.

⑧ 믹서에 양파, 배, 마늘, 생강, 물 1컵을 넣고 곱게 간 뒤
면포로 물기를 꽉 짜 국물만 준비한다.

⑨ 냄비에 물과 밀가루를 넣고 걸쭉해질 때까지 저어가며 1분 정도 끓여
밀가루풀을 쑨다. 완성된 밀가루풀은 불에서 내려 한 김 식힌다.

⑩ 볼에 ⑥의 다시마 물, ⑧의 국물, 한 김 식힌 밀가루풀, 천일염 2큰술을
넣고 소금이 녹을 때까지 고루 섞은 뒤 채 썬 무, 당근, 쪽파를 넣어
섞는다.

⑪ ⑩에서 채 썬 무와 당근, 쪽파를 건져내 절인 배추 사이사이에 넣는다.

⑫ 밀폐용기에 옮겨 담고 ⑩의 국물을 부어 완성한다.
1~2일 정도 실온에서 숙성시킨 뒤 냉장고에 넣어 보관한다.

# 비건 깍두기

뜨끈한 국물 요리와 찰떡궁합을 자랑하는
아삭아삭한 깍두기를 만들어보세요.
무를 먹기 좋은 크기로 썰어 소금에 살짝 절인 뒤
양념에 버무리기만 하면 돼 요리 초보자도
어렵지 않게 만들 수 있는 김치랍니다.

**재료**

○ 무 1개(1.5kg)
○ 쪽파 5대
○ 천일염 3큰술

**깍두기 양념**

○ 고춧가루 ½컵
○ 국간장 3큰술
○ 매실청 2큰술
○ 다진 마늘 2큰술
○ 다진 생강 1작은술

**만들기**

1. 무는 껍질째 깨끗이 씻어 한입 크기로 깍둑썰기 하고, 쪽파는 2cm 길이로 썬다.

2. 무에 천일염을 뿌린 뒤 골고루 섞어 1시간 정도 절인다. 절인 무는 체에 밭쳐 물기를 뺀다.

3. 볼에 절인 무와 고춧가루를 넣고 골고루 버무린다.

4. 나머지 깍두기 양념 재료를 모두 넣고 골고루 버무려 밀폐용기에 옮겨 담는다. 실온에서 하루 정도 숙성시킨 뒤 냉장고에 넣어 보관한다.

Tip

* 무를 고춧가루에 먼저 버무리면 색이 잘 배어 먹음직스러워 보이는 깍두기를 만들 수 있어요.

# 비건 파김치

고춧가루, 매실청, 국간장만으로 깔끔하게 맛을 낸 비건 파김치예요.
절이는 과정이 없어 언제든 빠르게 만들어 먹을 수 있다는 장점이 있답니다.
액젓이 들어가지 않아도 일반 파김치 맛 못지않아요.

**재료**

○ 쪽파 ½단(500g)

**김치 양념**

○ 고춧가루 7큰술
○ 매실청 4큰술
○ 국간장 3큰술

**만들기**

① 쪽파는 뿌리 끝을 칼로 자른 다음 지저분한 이파리를 벗겨내 다듬고
흐르는 물에 깨끗이 씻는다.

② 김치 양념 재료를 한데 넣어 골고루 섞는다.

③ 쪽파 뿌리 부분에 김치 양념을 넉넉히 묻힌 뒤 이파리 쪽으로 쓸어내려
김치 양념을 고루 바른다.

④ 밀폐용기에 옮겨 담아 실온에서 1~2일 정도 숙성시킨 뒤
냉장고에 넣어 보관한다.

Tip

＊ 쪽파를 먹기 좋은 크기로 잘라 겉절이하듯 버무려 파김치를 담그면 먹을 때
편해요.

아
침
비
건

*Chapter 3*

바쁜 아침, 제대로 된 식사 챙기기에는 시간이 부족하고 굶기에는
건강이 염려될 때, 과일과 채소를 갈아 만든 산뜻한 주스나 부드러
운 수프로 아침을 준비해보는 건 어떨까요? 간단하면서도 맛과 영
양은 놓치지 않은 아침 식사로 채식에 익숙해지고, 활기찬 하루를
시작할 수 있을 거예요.

## ABC 주스

탁월한 해독 효과로 주목 받고 있는 ABC주스예요.
사과, 당근, 비트의 영양소를 그대로 섭취할 수 있어
아침 공복에 마시면 좋답니다. 한 번에 많은 양을 만들어
소분해 냉동해두었다가 전날 밤 냉장실로 옮겨
해동해 마시면 편리해요.

**재료 · 약 500mL**

○ 사과 1개
○ 당근 1개
○ 비트 ⅓개
○ 물 1컵

**만들기**

1 사과는 물에 30분 정도 담갔다 흐르는 물에 깨끗이 헹군다.

2 사과는 씨를 제거하고 껍질째 적당한 크기로 자른다.

3 당근과 비트는 껍질을 벗긴 뒤 한입 크기로 썬다.

4 믹서에 사과, 당근, 비트, 물을 넣어 곱게 간다. 물의 양은 기호에 따라
　조절한다.

Tip

* 비트나 당근 상태에 따라 떫은맛이 느껴질 수 있어요. 그럴 때는 레몬즙
　1~2큰술을 추가해보세요.

# 케일 사과 주스

케일과 사과를 갈아 만든 산뜻하고 개운한 맛의 주스예요.
사과의 단맛이 케일의 쓴맛을 가려 부담 없이 마실 수 있답니다.
케일 속 풍부한 베타카로틴과 사과의 비타민, 식이섬유 덕에
면역력을 강화하고 체내 독소를 배출하는 효과가 있어요.

**재료·약 400mL**

○ 사과 1개
○ 레몬 1개
○ 케일 5장
○ 물 1컵

**만들기**

① 사과는 물에 30분 정도 담가 두었다가 흐르는 물에 헹군 뒤
   씨를 제거해 껍질째 한입 크기로 자른다.

② 케일은 흐르는 물에 앞뒤로 가볍게 씻어 줄기를 잘라내고
   잎 부분만 4등분한다.

③ 레몬은 껍질을 제거하고 반 잘라 씨를 제거한다.
   흰 속껍질도 말끔하게 없앤다.

④ 믹서에 모든 재료를 넣어 곱게 간다.

Tip

* 레몬 껍질을 벗길 때 흰 속껍질을 깨끗이 제거해야 쓴맛이 나지 않아요.
* 레몬 대신 시판 레몬즙 2큰술 넣어도 좋아요.

# 오렌지 생강 주스

새콤달콤한 오렌지에 매운 생강을 더한 색다른 오렌지주스예요.
생소한 조합이지만 생강 고유의 풍미와 알싸한 맛이 오렌지주스의 맛을
한층 더 높여준답니다. 생강은 조금만 넣어도 향이 강하니 기호에 따라
양을 조절해도 좋아요.

**재료 · 약 300mL**

○ 오렌지 2개
○ 생강 1톨(5g)

**만들기**

1. 생강은 흐르는 물에 흙을 털어낸 뒤
   칼등이나 숟가락으로 살살 긁어 껍질을 벗긴다.

2. 오렌지는 껍질을 벗겨 한입 크기로 나눈다.
   흰 속껍질도 말끔하게 벗겨낸다.

3. 믹서에 오렌지와 생강을 넣어 곱게 간다.

## Tip

* 오렌지 껍질을 벗길 때 흰 속껍질을 깨끗이 제거해야 쓴맛이 나지 않아요.
* 착즙기로 만들면 펄프 없이 깔끔한 맛의 주스를 만들 수 있어요.

# 청포도 키위 밀싹 주스

항산화 효과가 뛰어난 밀싹을 넣어 클렌즈 주스를
만들어보세요. 청포도와 키위의 단맛과 신맛이 밀싹의
풋내를 잡아줘 싱그러운 맛이 나요.

**재료 · 약 300mL**

○ 청포도 1컵
○ 그린키위 1개
○ 밀싹 20g
○ 물 ½컵

**만들기**

① 청포도는 흐르는 물에 씻어 알알이 떼어내고, 밀싹은 깨끗이 씻는다.

② 청포도를 30분 정도 물에 담가 부드럽게 한다.

③ 키위는 껍질을 벗겨 4등분한다.

④ 믹서에 청포도, 키위, 밀싹, 물을 넣어 곱게 간다.
   물의 양은 기호에 따라 조절한다.

## Tip

★ 주스를 만들 때는 씨 없는 포도를 사용해야 쓰지 않은 주스를 만들 수 있어요.

★ 청포도를 물에 불리면 과육이 부드러워져 갈기 쉬워요. 시간이 없다면 물에
   불리는 과정은 생략해도 좋아요.

# 당근 레몬 주스

당근 특유의 냄새 때문에 생으로 먹기 힘들다면 레몬과 함께 갈아
주스로 만들어보세요. 레몬의 신맛이 당근의 흙내를 감춰 달큼하고 산뜻한
맛만 남아요. 펄프가 많은 주스가 부담스럽다면 착즙기를 이용해도 좋아요.

**재료 · 약 400mL**

○ 당근 1개
○ 레몬 1개
○ 물 1컵

**만들기**

1. 당근은 껍질을 벗겨 한입 크기로 자른다.

2. 레몬은 껍질을 벗겨 반 잘라 씨를 제거한다. 흰 속껍질도 깨끗이 없앤다.

3. 믹서에 당근과 레몬, 물을 넣어 곱게 간다.

Tip

* 레몬은 과육째 넣는 대신 스퀴저로 즙을 짜 넣으면 깔끔한 맛의 주스를 만들 수 있어요.
* 레몬 껍질을 굵은소금으로 문질러 닦은 뒤 강판에 갈아 제스트를 만들어 주스에 넣어보세요. 한층 더 향긋한 주스를 만들 수 있어요.

# 아보카도 스무디

아보카도의 부드러운 맛을 그대로 느낄 수 있는 스무디예요.
두유와 케일로 든든함과 영양을 더해 아침 식사 대용으로 제격이랍니다.
잘 익은 아보카도를 사용해야 제대로 맛을 낼 수 있다는 점, 기억하세요.

**재료 · 약 400mL**

○ 아보카도 1개
○ 냉동 바나나 1개
○ 케일 2장
○ 무가당 두유 1컵
○ 아가베 시럽 또는 설탕 1큰술
○ 소금 약간

**만들기**

① 아보카도는 꼭지를 뗀 뒤 씨까지 칼집을 깊게 넣고
  과육을 비틀어 반으로 나눈다. 씨 부분은 칼로 내리친 뒤 비틀어
  씨를 빼낸다.

② 아보카도 껍질과 과육 사이에 숟가락을 넣어 과육을 파낸 뒤
  한입 크기로 썬다.

③ 케일은 흐르는 물에 앞뒤로 가볍게 씻어 줄기를 잘라내고
  잎 부분만 4등분한다.

④ 믹서에 모든 재료를 넣고 곱게 간다.

Tip

* 케일을 빼고 에스프레소 1샷과 얼음을 조금 추가해 프라푸치노로 만들면
  색다른 맛을 느낄 수 있어요.

# 라즈베리 코코넛 스무디

여름이 되면 뉴질랜드 비건 카페에서 인기가 정말 많았던 스무디예요.
라즈베리의 새콤달콤한 맛과 코코넛 밀크의 달큼한 향이 아주 잘 어울려요.
바나나가 포만감을 높여줘 한 끼 식사로도 충분합니다.

**재료 · 약 400mL**

○ 냉동 라즈베리 1컵
○ 바나나 1개
○ 코코넛 밀크 ½컵
○ 아가베 시럽 또는 설탕 1큰술
○ 얼음 ½컵

**토핑**

○ 냉동 라즈베리 적당량
○ 코코넛칩 약간

**만들기**

1. 바나나는 껍질을 벗겨 한입 크기로 자른 뒤
   지퍼백에 넣어 냉동시켜둔다.

2. 믹서에 토핑을 제외한 모든 재료를 넣고 곱게 간다.
   잘 안 갈린다면 물을 조금씩 추가한다.

3. 컵에 스무디를 부은 뒤 라즈베리를 올리고
   코코넛칩을 뿌려 마무리한다.

Tip

* 냉동 라즈베리 대신 냉동 블루베리나 냉동 망고를 넣어 만들어도 좋아요.

# 그린 스무디

케일, 그린키위, 오렌지 등 비타민이 듬뿍 들어 있는 재료를 갈아 만든
스무디예요. 여러 가지 과일이 들어가 다양한 맛을 느낄 수 있어요.
집에 남은 과일이 있다면 손질해 얼려 두었다가
케일과 함께 갈아 간단하고 맛있는 스무디로 즐겨보세요.

**재료 · 약 400mL**

○ 냉동 바나나 1개
○ 그린키위 1개
○ 오렌지 2개
○ 케일 2장
○ 생강 1톨(5g)
○ 얼음 1컵

**만들기**

①  생강은 흐르는 물에 흙을 털어낸 뒤 칼등이나 숟가락으로 긁어
   껍질을 벗긴다.

②  케일은 흐르는 물에 앞뒤로 가볍게 씻어 줄기를 잘라내고 잎 부분만
   4등분한다.

③  오렌지는 속껍질까지 깨끗하게 벗겨 한입 크기로 나눈다.

④  키위는 껍질을 벗겨 4등분한다.

⑤  믹서에 모든 재료를 넣어 곱게 간다.
   뻑뻑해 잘 갈리지 않는다면 물을 조금씩 추가한다.

# 망고 라씨

라씨는 걸쭉한 요거트에 다양한 과일과 향신료를 섞어 먹는
인도 전통음료예요. 우유로 만든 요거트 대신 코코넛 요거트를 사용해
비건 레시피로 만들어보았답니다. 코코넛과 잘 어울리는
망고를 넣어 달고 부드러운 맛이 두 배가 됐어요.

**재료 · 약 300mL**

○ 망고 1개  **토핑**
○ 코코넛 요거트 ½컵  ○ 코코넛칩 약간
○ 코코넛 밀크 ¼컵  ○ 망고 적당량
○ 얼음 ¼컵
○ 아가베 시럽 또는 설탕 2작은술

**만들기**

① 라씨와 토핑용 망고는 씨를 중심으로 3등분한다.

② 망고 껍질이 잘리지 않도록 과육에 조심스럽게 칼집을 넣는다.

③ 껍질과 과육 사이에 숟가락을 넣어 과육을 파낸다.

④ 믹서에 토핑을 제외한 모든 재료를 넣고 곱게 간다.

⑤ 컵에 완성된 라씨를 붓고 코코넛칩과 한입 크기로 자른 망고를 올려 장식한다.

Tip

* 생망고 대신 냉동 망고 1컵을 넣어 만들어도 좋아요. 냉동 망고를 사용할 때는 얼음을 생략하세요.

# 고구마 두유 라테

추운 계절, 달고 부드러운 고구마 라테만큼 아침 식사 대용으로 잘 어울리는 것은
없을 거예요. 여기에 에스프레소를 넣으면 아침잠을 깨워주는 일석이조 식사가 된답니다.
이 레시피에서 두유 양을 줄인 뒤 따뜻하게 데워 수프로 즐겨도 좋아요.

**재료 · 약 300mL**

○ 고구마 1개(100g)
○ 무가당 두유 1컵
○ 아가베 시럽 또는 설탕 2작은술
○ 소금 ⅛작은술

**토핑**

○ 시나몬 파우더 약간

**만들기**

① 고구마는 껍질째 깨끗이 씻어 3등분한다.

② 전자레인지용 그릇에 고구마를 넣고 물을 ¼컵 정도 부은 뒤 뚜껑을 닫고 전자레인지에서 4~5분 돌린다.

③ 고구마는 한 김 식혀 껍질을 벗긴다.

④ 두유는 전자레인지에 2분 정도 돌려 따뜻하게 데운다.

⑤ 믹서에 토핑용 시나몬 파우더를 제외한 모든 재료를 넣고 곱게 간다.

⑥ 컵에 라테를 옮겨 담고 시나몬 파우더를 솔솔 뿌려 완성한다.

## Tip

\* 고구마는 꿀고구마를 사용하는 것이 달고 맛있어요. 고구마마다 당도가 다르니 기호에 따라 아가베 시럽으로 단맛을 추가하세요.

# 단호박 수프

감미료 없이도 달콤하고, 색까지도 예쁜 단호박 수프예요.
단호박과 양파만으로도 맛있는 수프가 되지만
캐슈너트를 넣어 고소하고 부드러운 맛을 더했답니다.
마지막에 올리브오일을 뿌리면 향긋함까지 배가돼요.

**재료 · 2인분**

○ 단호박 ½개(약 500g)
○ 양파 ½개(100g)
○ 캐슈너트 10알
○ 올리브오일 2큰술
○ 물 1½컵
○ 소금 ½작은술

**토핑**
○ 호박씨 약간
○ 후춧가루 약간

**만들기**

1. 단호박은 4등분해 숟가락으로 씨를 파낸다.

2. 전자레인지용 그릇에 단호박을 담고 물 ¼컵을 부은 뒤 전자레인지에 넣고 3분 정도 돌려 반 정도 익힌다.

3. 단호박은 껍질을 제거해 한입 크기로 썰고, 양파는 껍질을 벗겨 채 썬다.

4. 중간 불로 달군 냄비에 올리브오일을 두른 뒤 양파를 넣고 양파가 투명해질 때까지 3분간 볶는다.

5. ④에 단호박, 캐슈너트를 넣고 소금을 뿌려 2분 정도 더 볶는다.

6. 물을 넣고 뚜껑을 덮어 중약불에서 15분 정도 끓인다.

7. 냄비에 핸드믹서를 넣어 수프를 곱게 간다. 핸드믹서가 없다면 믹서에 옮겨 붓고 곱게 간다.

8. 그릇에 수프를 옮겨 담고 호박씨와 후춧가루를 뿌려 완성한다.

Tip
★ 단호박은 전자레인지에서 살짝 익히면 껍질을 벗기기가 쉬워요.
★ 양파와 단호박은 충분히 볶아야 풍미가 좋은 수프를 만들 수 있어요.

# 무 수 프

무가 제철인 겨울에 뜨끈하게 먹으면 좋은 수프예요.
무를 듬뿍 썰어 양파, 대파와 함께 볶아 수프를 만들면
달고 시원한 제철 무의 맛을 잘 느낄 수 있어요.
전날 밤 끓여두었다가 바쁜 아침, 컵에 담아 후루룩 마시기 좋답니다.

**재료 · 2인분**

○ 무 150g
○ 양파 ½개(100g)
○ 대파 흰 부분 10cm
○ 올리브오일 1큰술

○ 물 2컵
○ 소금 ¼작은술
○ 후춧가루 약간

**만들기**

1 무와 양파는 얇게 채 썰고, 대파는 송송 썬다.

2 중간 불로 달군 팬에 올리브오일을 두른 뒤
양파와 대파를 넣고 투명해질 때까지 3분 정도 볶는다.

3 무와 소금, 후춧가루를 넣고 중간중간 물 ½컵을 조금씩 나눠 넣어가며
3분간 더 볶는다.

4 나머지 물을 넣고 수프가 끓기 시작하면 뚜껑을 닫고 15분간 끓인다.

5 ④에 핸드믹서를 넣어 곱게 간다.
핸드믹서가 없다면 믹서에 옮겨 붓고 곱게 간다.

6 완성된 수프를 그릇에 옮겨 담고 기호에 따라 소금으로 간을 한다.

## Tip

* 조리과정 ⑤에서 곱게 가는 과정을 생략하고 건더기가 있는 무 수프로
만들어도 맛있어요.

* 쓴맛과 매운맛이 강한 무로 만들 때는 들깻가루를 더해보세요. 색다른 맛이
나는 무 수프를 만들 수 있어요.

# 우엉 수프

우엉과 감자, 양파를 함께 푹 끓여 만든 부드럽고 달큼한 맛의 수프예요.
우엉이 많이 들어가지만 푹 끓이는 과정에서 떫은맛과 흙내가 사라져 부담스럽지
않아요. 믹서에 갈 때 곱게 갈아야 더 맛있는 우엉 수프를 만들 수 있답니다.

**재료 · 2인분**

○ 우엉 1대(200g)
○ 양파 ½개(100g)
○ 감자 1개(100g)
○ 올리브오일 2큰술
○ 물 1½컵
○ 소금 ¼작은술
○ 후춧가루 약간

**만들기**

1. 우엉은 껍질을 벗겨 송송 썰고,
   양파와 감자는 껍질을 벗겨 얇게 채 썬다.

2. 중간 불로 달군 냄비에 올리브오일을 두른 뒤
   양파를 넣고 투명해질 때까지 3분간 볶는다.

3. 우엉, 감자, 소금, 후춧가루를 넣고 3분 정도 더 볶는다.

4. 물을 붓고 수프가 끓기 시작하면 약한 불로 줄여 뚜껑을 덮고
   15분간 끓인다.

5. ④에 핸드믹서를 넣어 곱게 간다.
   핸드믹서가 없다면 믹서에 옮겨 붓고 곱게 간다.

6. 그릇에 완성된 수프를 옮겨 담는다.

# 감자 대파 수프

노릇하게 구운 빵과 잘 어울리는 감자 대파 수프예요.
감자에 대파의 단맛과 시원한 맛이 더해져 담백하면서도
고소한 맛이 난답니다.

**재료 · 2인분**

○ 감자 1개(100g)
○ 대파 흰 부분 40cm(150g)
○ 양파 ½개(100g)
○ 올리브오일 3큰술
○ 물 2컵
○ 소금 ½작은술
○ 후춧가루 약간

**만들기**

① 대파는 송송 썰고, 양파와 감자는 채 썬다.

② 중간 불로 달군 냄비에 올리브오일을 두른 뒤
대파와 양파를 넣고 반쯤 투명해질 때까지 2~3분간 볶는다.

③ 감자와 소금, 후춧가루를 넣고 3분 더 볶는다.

④ 물을 붓고 수프가 끓기 시작하면 뚜껑을 닫고 중약불로 낮춰
15분간 더 끓인다.

⑤ ④에 핸드믹서를 넣어 곱게 간다.
핸드믹서가 없다면 믹서에 붓고 곱게 간다.

⑥ 완성된 수프를 그릇에 옮겨 담고 기호에 따라 소금으로 간을 한다.

## Tip

* 물의 양을 반으로 줄여 매시트 포테이토같이 되직하게 만들고 빵에 발라
먹어도 좋아요.

# 미네스트로네 수프

미네스트로네는 여러 가지 채소들을 작게 썰어 만드는 이탈리아식 채소 수프예요.
다양한 채소와 함께 토마토가 들어가 고기 없이도 충분히 감칠맛이 난답니다.
비건 파스타 면을 함께 넣어 끓여 좀 더 든든한 아침 식사로도 준비할 수 있어요.

**재료 · 2~3인분**

- ○ 감자 1개(100g)
- ○ 토마토 1개(200g)
- ○ 당근 ⅓개(60g)
- ○ 양파 ¼개(50g)
- ○ 셀러리 10cm
- ○ 양배추잎 3장(40g)
- ○ 올리브오일 2큰술
- ○ 월계수잎 1장
- ○ 물 2컵
- ○ 소금 ¼작은술
- ○ 후춧가루 약간

**만들기**

① 감자와 당근, 양파는 깨끗이 씻은 뒤 껍질을 벗겨 1cm×1cm 크기로
  깍둑썰기 한다. 양배추잎도 같은 크기로 썬다.

② 토마토는 꼭지를 뗀 뒤 깍둑썰기 하고, 셀러리는 1cm 길이로 썬다.

③ 중간 불로 달군 팬에 올리브오일을 두른 뒤
  양파를 넣어 투명해질 때까지 볶는다.

④ 감자, 당근, 셀러리를 넣고 3분간 더 볶는다.

⑤ ④에 토마토, 양배추, 소금, 후춧가루를 넣고 1분 정도 볶다가
  물과 월계수잎을 넣고 15분 정도 더 끓인다.

⑥ 그릇에 완성된 수프를 옮겨 담는다.

**Tip**

★ 월계수잎 대신 건오레가노 가루 1작은술을 넣어 만들어도 좋아요.

# 햇완두콩 수프

햇완두콩이 나오는 5월에만 즐길 수 있는 특별한 수프예요.
제철이 아닐 때에는 냉동 완두콩을 사용해도 되지만
햇완두콩으로 만든 것이 단맛은 물론 향도 훨씬 좋고, 색도 고와요.
햇완두콩이 나오는 시기가 되면 꼭 한 번 만들어보세요.

**재료 · 2인분**

○ 완두콩 200g
○ 감자 1개(100g)
○ 양파 ½개(100g)
○ 올리브오일 2큰술

○ 물 2컵
○ 소금 ¼작은술
○ 후춧가루 약간

**만들기**

1. 감자와 양파는 깨끗이 씻어 껍질을 벗긴 뒤 채 썬다.

2. 중간 불로 달군 냄비에 올리브오일을 두른 뒤
   양파를 넣고 투명해질 때까지 3분 정도 볶는다.

3. 감자를 넣고 2분 정도 더 볶다가 물을 붓고
   뚜껑을 덮어 10분 정도 끓인다.

4. 완두콩과 소금을 넣은 뒤 뚜껑을 열고 7분간 더 끓인다.

5. ④에 핸드믹서를 넣어 곱게 간다.
   핸드믹서가 없다면 믹서에 붓고 곱게 간다.

6. 그릇에 완성된 수프를 옮겨 담은 뒤 후춧가루를 뿌린다.

**Tip**

* 완두콩은 너무 짧게 삶으면 풋내가 날 수 있어요. 삶는 시간을 정확히 지켜야
  풋내도 나지 않고 색이 변하지 않으며 충분히 익힐 수 있어요.

# 당근 수프

몇 가지 재료로만 맛을 낸 간단한 당근 수프예요.
당근과 양파를 함께 볶아 당근의 흙내는 없애고,
단맛을 높여 당근을 싫어하는 사람도 맛있게 먹을 수 있답니다.

**재료 · 2인분**

○ 당근 1개(180g)          ○ 올리브오일 2큰술
○ 양파 ½개               ○ 소금 ½작은술
○ 물 2컵                 ○ 후춧가루 약간

**만들기**

1  당근과 양파는 깨끗이 씻어 껍질을 벗긴 뒤 채 썬다.

2  중간 불로 달군 냄비에 올리브오일을 두른 뒤
   양파를 넣고 투명해질 때까지 3분 정도 볶는다.

3  당근과 소금을 넣고 2~3분 정도 더 볶는다.

4  물을 넣은 뒤 뚜껑을 덮어 중약불에서 15분간 끓인다.

5  ④에 핸드믹서를 넣어 곱게 간다.
   핸드믹서가 없다면 믹서에 옮겨 붓고 곱게 간다.

6  그릇에 완성된 수프를 옮겨 담고 후춧가루를 뿌린다.

## Tip

* 물 대신 캐슈 밀크나 두유를 넣으면 더 부드러운 맛의 수프를 만들 수 있어요.

# 방울토마토 바질 가스파초

토마토와 여러 가지 채소들을 갈아 차갑게 먹는 스페인 대표 수프예요.
토마토보다 새콤달콤한 맛이 강한 방울토마토를 사용해 맛도 좋아요.
기호에 따라 바게트나 곡물빵을 곁들여보세요.

**재료 · 2인분**

○ 방울토마토 500g
○ 오이 ⅓개
○ 빨강 파프리카 ½개
○ 양파 ⅛개
○ 올리브오일 1큰술
○ 레몬즙 또는 라임즙 1작은술
○ 소금 ¼작은술
○ 후춧가루 약간

**가니시**

○ 방울토마토 4개
○ 오이 ⅙개
○ 생바질 3~4장

**만들기**

1  파프리카는 반 갈라 씨와 흰 심지를 제거하고,
   오이, 양파와 함께 한입 크기로 썬다.

2  믹서에 가니시용 재료를 제외한 모든 재료를 넣고 곱게 간 뒤
   냉장고에 1시간 정도 두어 차갑게 한다.

3  가니시용 방울토마토는 4등분하고 오이는 길게 4등분해 1cm 두께로
   썬다. 바질잎은 가늘게 채 썬다.

4  그릇에 가스파초를 담고 그 위에 가니시를 얹어 장식한다.

Tip

* 오이의 양을 2배로 늘리면 시원한 맛이 배가돼요.
* 방울토마토 대신 대저토마토로 만들어도 맛있어요.

# 바나나 블루베리 포리지

귀리나 다른 곡물을 우유나 물에 넣어 끓인 죽을
포리지라고 해요. 서양에서 아침 대용으로 많이 먹는답니다.
5분이면 완성되는 간단한 레시피니 좋아하는 과일이나
견과류, 그래놀라 등을 얹어 준비해보세요.

**재료 · 1인분**

○ 오트밀 ½컵
○ 아몬드 밀크 p.60 1컵
  (또는 캐슈 밀크 p.62 1컵)
○ 소금 약간

**토핑**

○ 바나나 ½개
○ 블루베리 10알
○ 피스타치오 4알
○ 메이플 시럽 2큰술

**만들기**

1 토핑용 바나나는 한입 크기로 썰고, 피스타치오는 굵게 다진다.
  블루베리는 흐르는 물에 씻어 준비한다.

2 전자레인지용 그릇에 오트밀, 아몬드 밀크, 소금을 넣고 고루 섞은 뒤
  전자레인지에 넣어 2~3분 돌린다.
  데운 오트밀은 숟가락으로 고루 섞는다.

3 그릇에 포리지를 옮겨 담고 그 위에 토핑용 바나나, 블루베리를 올린다.

4 다진 피스타치오와 메이플 시럽을 뿌려 완성한다.

Tip

* 그래놀라와 깨를 토핑으로 올리면 고소하고 든든한 포리지를 만들 수 있어요.

# 라즈베리 치아잼 오트밀

전날 밤 오트밀과 넛밀크를 섞어 두었다가 아침에 먹는 오버나이트 오트밀이에요.
상큼한 라즈베리 치아잼도 라즈베리와 치아시드를 섞어 하룻밤 두기만 하면
간단하게 완성할 수 있어요. 오트밀을 끓이지 않아 쫀득쫀득한 식감을 그대로
느낄 수 있답니다.

**재료 · 1인분**

○ 오트밀 ½컵
○ 아몬드 밀크p.60 1컵
  (또는 캐슈 밀크p.62 1컵)
○ 소금 약간

**토핑**
○ 해바라기씨 1작은술

**라즈베리 치아잼**
○ 냉동 라즈베리 ½컵
○ 치아시드 2작은술
○ 메이플 시럽 1큰술
○ 시나몬 파우더 ¼작은술
○ 발사믹식초 1작은술

**만들기**

① 밀폐용기에 오트밀, 아몬드 밀크, 소금을 넣고 고루 섞은 뒤
  냉장고에 하룻밤 둔다.

② 라즈베리 치아잼 재료를 골고루 섞어 밀폐용기에 넣은 뒤
  냉장고에 하룻밤 둔다.

③ ①의 오트밀을 그릇에 담고 라즈베리 치아잼을 올린 뒤
  해바라기씨를 뿌려 완성한다.

## Tip

* 과일과 넛버터를 올리면 상큼하고 크리미한 오버나이트 오트밀을 만들 수 있어요.
* 냉동 라즈베리 대신 냉동 블루베리, 망고, 딸기 등을 활용해 다양한 맛의
  치아잼을 만들어보세요.

# 순두부 누룽지죽

구수한 누룽지와 부드러운 순두부가 속을 든든하고 편안하게 해주는
죽이에요. 순두부를 숭덩숭덩 썰어 넣어 끓이는 게 포인트랍니다.
그래야 순두부의 부드러운 맛을 제대로 즐길 수 있어요.

**재료 · 2인분**

○ 순두부 ½봉
○ 누룽지 100g
○ 물 4컵
○ 쪽파 1대
○ 통깨 약간

**양념장**

○ 진간장 2큰술
○ 참기름 1작은술

**만들기**

1. 쪽파는 깨끗이 씻어 송송 썬다.

2. 간장과 참기름을 섞어 양념장을 만든다.

3. 냄비에 누룽지와 물을 넣고 끓인다.

4. 누룽지가 부드럽게 풀어지고 물이 자작하게 줄어들면
   순두부를 한입 크기로 떠 넣어 한소끔 더 끓인다.
   순두부의 형태가 없어지지 않게 너무 휘젓지 않는다.

5. 그릇에 누룽지죽을 옮겨 담고 쪽파와 통깨를 뿌린 뒤
   양념장을 곁들여 낸다.

Tip

* 순두부 대신 일반 두부를 한입 크기로 썰어 넣어도 좋아요.

# 점심 비건

## Chapter 4

점심에 먹은 것들이 소화가 잘 되지 않고 오후 내내 속이 더부룩하다면 도시락으로 플렉시테리언이 되어 보는 것은 어떨까요? 전날 밤 밑준비만 가볍게 해두면 아침에 많은 시간 들이지 않고도 도시락을 만들 수 있어요. 이 파트에서 도시락에 활용하기 좋은 비건 메뉴를 소개할게요. 식어도 맛있는 메뉴들만 엄선했답니다. 앞으로 점심 시간이 기다려질 거예요.

# 포두부 채소말이

여러 가지 채소들을 채 썰어 담백한 포두부로 돌돌 말았어요.
쫄깃하면서도 고소한 포두부와 신선한 채소들이 산뜻한 맛을 낸답니다.
매콤달콤한 연겨자 소스를 곁들이면 맛있고 속도 편안한 점심 식사를 준비할 수 있어요.

**재료 · 1인분**

○ 포두부 8장
○ 깻잎 8장
○ 빨강 파프리카 ⅓개
○ 노랑 파프리카 ⅓개
○ 오이 ¼개
○ 당근 ¼개
○ 팽이버섯 50g

**연겨자 소스**

○ 진간장 2작은술
○ 식초 2작은술
○ 아가베 시럽 또는 설탕 2작은술
○ 연겨자 1작은술

**만들기**

① 포두부는 끓는 물에 데친 뒤 체에 밭쳐 물기를 뺀다.

② 팽이버섯은 밑동을 자르고, 깻잎은 흐르는 물에 씻어 꼭지를 잘라낸다.

③ 파프리카는 꼭지와 씨, 흰 속살을 제거한 뒤
오이, 당근과 함께 곱게 채 썬다.

④ 포두부 위에 깻잎을 깐 뒤 채 썬 채소를 골고루 올려 돌돌 만다.

⑤ 연겨자 소스 재료를 한데 넣고 골고루 섞어 소스를 만든 뒤
채소말이에 곁들여 낸다.

Tip  일반식으로 만들기

잡채용 돼지고기나 소고기 100g을 준비해 소금, 후춧가루로 간한 뒤 중간 불로
달군 팬에 참기름 1작은술을 둘러 볶아요. 볶은 고기는 조리과정 ④에서 채소와
함께 넣고 말아요.

# 당근라페 샌드위치

당근라페는 당근을 얇게 채 썰어 드레싱에 버무린 프랑스식 샐러드예요.
레몬즙과 홀그레인 머스터드, 올리브오일에 상큼하게 버무린 당근라페에
포슬포슬 익힌 감자를 으깨 함께 샌드위치로 만들면
하나만 먹어도 든든해요.

### 재료 · 1인분

○ 사워도우 슬라이스 2장
○ 감자 1개(200g)
○ 로메인 6장
○ 소금 약간
○ 후춧가루 약간
○ 두유 마요네즈p.58 3큰술
○ 올리브오일 1큰술

**당근라페**

○ 당근 1개(약 150g)
○ 올리브오일 1큰술
○ 레몬즙 2작은술
○ 홀그레인 머스터드 1작은술
○ 설탕 1작은술
○ 소금 ½작은술

### 만들기

① 당근은 껍질을 벗겨 얇게 채 썬다.

② 볼에 채 썬 당근과 나머지 당근라페 재료를 모두 넣고
   간이 배도록 골고루 섞는다.

③ 감자는 깨끗이 씻은 뒤 전자레인지 용기에 넣어 물 ¼컵을 붓고
   뚜껑을 닫아 5분 정도 돌린다. 익힌 감자는 한 김 식혀
   껍질을 벗긴다.

④ 볼에 감자를 넣고 으깬 뒤 두유 마요네즈 1큰술, 소금, 후춧가루를 넣어
   잘 섞는다.

⑤ 중간 불로 달군 팬에 올리브오일을 두르고
   사워도우를 앞뒤로 노릇하게 구운 뒤 한 김 식힌다.

⑥ 사워도우 안쪽 면에 두유 마요네즈를 1큰술씩 고루 바른다.

⑦ 사워도우 위에 로메인, 당근라페, 감자 순으로 올리고
   나머지 사워도우로 덮는다.

### Tip

★ 당근라페를 만들 때 홀그레인 머스터드 대신 디종 머스터드를 넣어도 맛있어요.
★ 사워도우가 없다면 호밀식빵이나 치아바타를 활용해도 좋아요.

### Tip  일반식으로 만들기

슬라이스햄 2~3장이나 베이컨 2줄 정도를 반으로 잘라 노릇노릇하게 구워서
조리과정 ⑦에서 추가하세요.

# 모둠 채소찜

채소가 가지고 있는 맛과 식감을 잘 느낄 수 있는 채소찜이에요.
찜은 영양 손실 또한 최소화할 수 있는 조리법이기도 해요.
고소하고 짭조름한 참깨 드레싱을 곁들여
영양 가득한 한 끼 식사로 준비해보세요.

**재료 · 1인분**

○ 단호박 ¼개
○ 고구마 1개
○ 당근 ⅛개
○ 연근 ¼개
○ 브로콜리 ¼개
○ 양배추 ¹⁄₁₀통(100g)
○ 방울토마토 2개

**참깨드레싱**

○ 두유 마요네즈<sup>p.58</sup> 2큰술
○ 진간장 1큰술
○ 식초 1큰술
○ 아가베 시럽 또는 설탕 1작은술
○ 통깨 2큰술

**만들기**

① 단호박은 적당한 크기로 잘라 속을 파내고,
    브로콜리는 먹기 좋은 크기로 송이를 나눈다.

② 고구마는 2cm, 당근과 연근은 0.5cm 두께로 썬다.
    양배추는 심지를 제거하고 방울토마토는 흐르는 물에 씻어 준비한다.

③ 김이 오른 찜기에 단호박, 고구마, 연근을 넣어 10~15분 정도 찐다.

④ 브로콜리와 당근, 양배추, 방울토마토를 마저 넣고 10~13분간 더 찐다.

⑤ 참깨드레싱용 통깨를 곱게 갈아 나머지 재료와 골고루 섞고
    채소찜과 함께 곁들여 낸다.

**Tip**

＊단호박이나 고구마 등 단단한 채소를 빨리 찌고 싶다면 더 얇은 두께로 썰어
  준비해보세요.

# 템페 스프링롤

템페는 콩을 발효시켜 만든 인도네시아 대표 음식이에요.
청국장과 비슷하게 생겼는데 쿰쿰한 향이나 끈적임 없이 담백하고
깔끔한 맛이 난답니다. 템페를 달콤 짭짤하게 양념해서 구운 뒤
여러 가지 채소와 함께 스프링롤을 만들면 단백질과 비타민,
식이섬유를 고루 섭취할 수 있는 건강식이 돼요.

**재료 · 1인분**

○ 템페 100g
○ 라이스페이퍼 6장
○ 버미셀리 80g
○ 당근 ¼개
○ 적양배추 ⅛개(100g)
○ 노랑 파프리카 ½개
○ 오이 ½개
○ 깻잎 6장
○ 청상추 6장
○ 파인애플 150g
○ 카놀라유 1큰술

**템페 양념**

○ 진간장 2작은술
○ 아가베 시럽 또는 설탕 2작은술
○ 후춧가루 약간

**아몬드 소스**

○ 아몬드 버터[p.66] 1큰술
○ 진간장 1작은술
○ 아가베 시럽 또는 설탕 1작은술
○ 식초 1작은술

**만들기**

1) 버미셀리는 물에 30분 정도 담가 불린 뒤
   끓는 물에 넣어 30초간 데친다.
   데친 버미셀리는 체에 밭쳐 물기를 뺀다.

2) 템페는 1cm 두께로 썰고 당근, 적양배추, 노랑 파프리카,
   오이는 채 썬다. 파인애플은 껍질을 벗겨 한입 크기로 썬다.

3) 중간 불로 달군 팬에 카놀라유를 두른 뒤
   템페를 앞뒤로 노릇하게 굽는다.

4) 템페 양념을 넣어 양념이 배도록 조린다.

5) 라이스페이퍼는 따뜻한 물에 잠깐 넣었다 뺀 뒤
   그 위에 청상추와 깻잎을 올리고 구운 템페, 채 썬 채소, 파인애플을
   넣어 돌돌 만다.

6) 아몬드 소스 재료를 한데 넣어 잘 섞은 뒤 스프링롤에 곁들여 낸다.

Tip

＊ 템페 대신 두부를 길게 잘라 구워도 되고, 여러 가지 버섯을 구워 대신해도 좋아요.

Tip  일반식으로 만들기

칵테일새우 6마리를 준비해 끓는 물에 데친 뒤 조리과정 ⑤에서 추가해보세요.
잡채용 소고기나 돼지고기 100g에 소금, 후춧가루로 간한 뒤 중간 불로 달군 팬에
참기름 1작은술 둘러 볶아도 좋아요.

# 두부쌈장 케일쌈밥

부드럽게 데친 케일 위에 밥과 두부로 만든
쌈장을 올린 뒤 동그랗게 뭉친 쌈밥이에요.
한입 크기로 먹기 좋아 도시락으로
정말 좋답니다. 쌈장은 고소한 두부를
포슬포슬하게 으깨고 견과류와 함께 넣고 섞어
짜지 않고 맛있어요.

**재료 · 1인분**

○ 케일 10장
○ 현미밥 1공기

**두부쌈장**

○ 두부 ¼모(70g)
○ 된장 2작은술
○ 고추장 1작은술
○ 양파 ⅛개
○ 청양고추 ½개
○ 아몬드 6알
○ 다진 마늘 ½작은술
○ 참기름 1작은술

**만들기**

1 두부는 면포에 넣고 물기를 꼭 짠다.

2 양파와 청양고추는 잘게 다지고 아몬드는 굵게 으깨 준비한다.

3 두부쌈장 재료를 한데 넣고 골고루 섞는다.

4 케일은 줄기를 자른 뒤 끓는 물에 소금 1작은술을 넣어
  30초 정도 데친다. 데친 케일은 바로 찬물에 헹구고
  체에 받쳐 물기를 뺀다.

5 데친 케일 위에 밥을 1큰술 올린 뒤
  두부쌈장을 ½작은술 정도 넣고 동그랗게 말아 완성한다.

**Tip**

* 케일 대신 머위잎이나 호박잎을 활용해도 좋아요.
* 두부쌈장에 아몬드 대신 호두나 잣을 넣어 만들어도 좋아요.
* 두부쌈장은 견과류를 뺀 재료를 냄비에 넣고 15분 정도 끓인 뒤 마지막에
  견과류를 섞어 만들면 2~3일 정도 두고 먹을 수 있어요.

**Tip** 일반식으로 만들기

두부 대신 다진 돼지고기나 소고기 100g를 넣어 고기쌈장을 만들어 넣을 수
있어요. 우선 대파 5cm를 다져 다진 양파·마늘과 함께 중간 불로 달군 팬에
카놀라유 1큰술을 넣고 2분 정도 볶아 향을 냅니다. 그다음 다진 고기를 넣어
2분 정도 더 볶은 뒤 된장, 고추장, 물 ¼컵을 넣고 3분 정도 끓이다
청양고추와 참기름 넣어 섞으면 완성이에요.

# 참나물 들기름 메밀국수

참나물의 향긋함과 들기름, 메밀의 구수함이 조화를 이루는 비빔국수예요.
맛이 자극적이지 않아 남녀노소 누구나 좋아할 메뉴입니다.
나물은 참나물 대신 달래나 당귀잎 등 제철 나물을 활용해도 맛있어요.

**재료 · 1인분**

○ 메밀 면 100g
○ 참나물 30g
○ 양파 ¼개

**비빔 양념장**

○ 들기름 2큰술
○ 진간장 1큰술
○ 아가베 시럽 또는 설탕 1큰술
○ 사과식초 1큰술
○ 다진 마늘 1작은술

**만들기**

1  참나물은 잎은 떼어내고 줄기 부분은 5cm 길이로 썰어 준비한다.
   양파는 얇게 채 썬다.

2  손질한 참나물과 채 썬 양파는 한데 넣고 섞어둔다.

3  끓는 물에 메밀 면을 넣어 4분간 삶은 뒤 찬물에 헹구고 체에 밭쳐
   물기를 뺀다.

4  비빔 양념장 재료를 한데 넣어 고루 섞는다.

5  그릇에 삶은 메밀 면을 담고 가장자리에 ②의 채소를 올린 뒤
   먹기 직전 양념장을 뿌려 고루 비벼 먹는다.

# 올리브 타프나드 샌드위치

프랑스 프로방스 지역의 대표 음식인 타프나드는
블랙올리브, 케이퍼, 안초비 등을 넣고 갈아 만든 페이스트의 일종이에요.
이 타프나드에서 안초비를 빼 비건 레시피로 만들었답니다.
치아바타에 좋아하는 채소를 넣고 타프나드를 듬뿍 올리면
올리브와 다른 재료의 맛이 어우러져 너무 맛있어요.

**재료 · 1인분**

- 치아바타 1개
- 로메인 4장
- 루콜라 20g
- 아보카도 ⅓개
- 토마토 ½개
- 두유 마요네즈<sup>p.58</sup> 2큰술

**올리브 타프나드(2개 분량)**

- 블랙올리브 1컵
- 케이퍼 1작은술
- 올리브오일 4큰술
- 양파 ⅓개
- 마늘 1톨
- 소금 약간
- 후춧가루 약간

**만들기**

1 아보카도는 반 잘라 씨를 제거하고 숟가락으로 과육을 파낸다.

2 아보카도는 0.5cm 두께로 썰고,
   토마토는 0.5cm 두께로 슬라이스 한다.

3 믹서에 올리브 타프나드 재료를 모두 넣고 거칠게 간다.

4 치아바타는 반 잘라 빵 안쪽에 두유 마요네즈를 고루 펴 바른다.

5 치아바타 위에 로메인, 루콜라, 올리브 타프나드, 토마토, 아보카도
   순으로 올린 뒤 나머지 치아바타로 덮는다.

Tip

* 아보카도 손질법은 아보카도 스무디<sup>p.98</sup>를 참고하세요.
* 올리브 타프나드는 모든 재료를 믹서에 넣어 갈면 편리하지만 양이 적으면
   믹서에서 잘 갈리지 않아 2개 분량을 한 번에 만드는 것이 좋아요. 1인분만
   만들고 싶을 때는 올리브와 케이퍼, 마늘, 양파를 칼로 잘게 다진 뒤 볼에
   올리브오일과 소금, 후춧가루를 넣고 잘 섞어 올리브 타프나드를 만들어보세요.

Tip  일반식으로 만들기

토마토 대신 훈제연어 슬라이스나 슬라이스 햄 2~3장 정도를 넣어 만들어요.

# 두부유부초밥

감칠맛 나는 조미유부에 밥 대신 두부와 잘게 썬 채소들을 섞어
속을 채웠어요. 밥 없이 두부로만 만들어 칼로리도 낮고 맛도 담백해요.
다이어트용 도시락으로 준비해도 좋답니다.

## 재료 · 1~2인분

○ 조미유부 10장
○ 두부 1모(300g)
○ 꼬들 단무지 20g
○ 빨강 파프리카 ¼개
○ 오이 ⅓개
○ 통깨 1작은술
○ 후춧가루 약간

**단촛물**
○ 식초 1큰술
○ 설탕 ½큰술
○ 소금 ½작은술

## 만들기

① 두부는 끓는 물에 데친 뒤 면포에 넣고 물기를 꼭 짠다.

② 유부는 손으로 꼭 짜 물기를 빼둔다.

③ 파프리카는 반 잘라 흰 심지와 씨를 제거하고 잘게 다진다.
오이는 씨를 제거한 뒤 잘게 다진다. 단무지도 비슷한 크기로 다진다.

④ 단촛물 재료를 한데 넣고 설탕이 녹을 때까지 잘 섞는다.

⑤ 볼에 으깬 두부, 다진 단무지와 채소, 단촛물을 넣어 고루 섞어
유부 소를 만든다.

⑥ 유부 속에 소를 꾹꾹 눌러 채워 완성한다.

## Tip

* 두부를 끓는 물에 데쳐 소를 만들면 두부 특유의 비린내를 없앨 수 있어요.
* 두부의 양을 반으로 줄이고 밥을 넣어 소를 만들면 더 든든한 유부초밥을 만들
수 있어요.

# 채소 얌운센

얌운센은 태국식 누들샐러드예요. 녹두 녹말로 만든 얇은 면인
버미셀리에 각종 채소들을 넣고 매콤하면서도 새콤달콤한 드레싱으로
버무렸어요. 스리라차 소스의 매운맛이 입맛을 돋워준답니다.

**재료 · 1인분**

○ 버미셀리 80g
○ 오이 ⅓개
○ 당근 ⅓개
○ 양파 ⅙개
○ 숙주 20g
○ 방울토마토 4개
○ 다진 땅콩 1큰술

**스리라차 간장드레싱**

○ 진간장 1큰술
○ 레몬즙 2작은술
○ 아가베 시럽 또는 설탕 2작은술
○ 스리라차 소스 1작은술
○ 참기름 1작은술

**만들기**

① 버미셀리는 찬물에 30분 정도 담가 불린다.

② 오이와 당근, 양파는 얇게 채 썰고, 방울토마토는 반 자른다.
숙주는 지저분한 곳을 다듬는다.

③ 드레싱 재료를 한데 넣어 고루 섞는다.

④ 끓는 물에 불린 버미셀리를 넣어 30초 정도 삶은 뒤 찬물에 헹군다.
삶은 버미셀리는 체에 밭쳐 물기를 뺀다.

⑤ 그릇에 삶은 버미셀리를 담고 채소를 올린다.
먹기 직전 스리라차 간장드레싱과 다진 땅콩을 뿌린 뒤 잘 비벼 먹는다.

**Tip**

★ 기호에 따라 고수 3줄기를 추가해도 좋아요.

**Tip** 일반식으로 만들기

칵테일새우 4~5마리를 끓는 물에 데쳐 조리과정 ⑤에 추가하세요.

## 콜리플라워 라이스 볶음밥

콜리플라워를 쌀알만 하게 갈아 볶음밥을 만들었어요.
콜리플라워는 비타민과 식이섬유가 풍부할 뿐만 아니라 칼로리가 낮고 포만감이 높아
다이어트에 아주 좋은 채소예요. 콜리플라워 라이스에 좋아하는 버섯이나 채소들을
넣고 가볍게 간해서 식어도 맛있는 볶음밥을 만들어보세요.

**재료 · 1인분**

○ 콜리플라워 ½개
○ 미니 새송이버섯 5개
○ 마늘종 2줄
○ 당근 ⅙개
○ 양파 ¼개

○ 마늘 2톨
○ 올리브오일 2큰술
○ 진간장 2작은술
○ 참기름 1작은술
○ 후춧가루 약간

**만들기**

1 콜리플라워는 적당한 크기로 자른 뒤
   믹서에 넣고 쌀알만 하게 갈아 콜리플라워 라이스를 만든다.

2 미니 새송이버섯은 1cm 두께로 자르고, 마늘종은 송송 썬다.

3 당근과 양파는 0.5cm×0.5cm 크기로 작게 깍둑썰기 하고
   마늘은 굵게 다진다.

4 중간 불로 달군 팬에 올리브오일을 두른 뒤
   마늘과 양파를 넣고 1분 정도 볶는다.

5 콜리플라워 라이스와 미니 새송이버섯, 마늘종, 당근을 넣고
   4분 정도 더 볶는다.

6 간장과 후춧가루, 참기름을 넣어 간하고 1분 정도 더 볶아 완성한다.

Tip

* 콜리플라워 라이스는 시판 제품을 사용해도 좋아요.

Tip   일반식으로 만들기

칵테일새우 4~5마리나 닭가슴살 ½개를 1cm×1cm 크기로 썰어 준비한 뒤
조리과정 ④에서 양파 다음에 넣고 2분 정도 볶아 익혀요.

# 후무스와 채소스틱

중동 지역에서 즐겨 먹는 후무스는 단백질이 풍부한 병아리콩을 삶아 마늘, 레몬즙, 참깨소스
등과 함께 갈아 만든 소스예요. 매시트 포테이토와 비슷한 질감에 고소하고 담백한 맛이
난답니다. 채소스틱을 찍어 먹는 디핑 소스나 샌드위치, 토르티야의 스프레드로 활용해보세요.

**재료 · 1인분**

**후무스**
- 병아리콩 ½컵
- 마늘 1톨
- 레몬즙 2큰술
- 타히니 소스 1큰술
- 올리브오일 ¼컵
- 소금 1작은술
- 후춧가루 약간

**채소스틱**
- 셀러리 1대
- 미니 당근 4개
- 빨강 파프리카 ¼개
- 노랑 파프리카 ¼개
- 래디시 3개

- 블랙올리브 2큰술
- 토마토 카순디 소스<sup>p.72</sup> 3큰술
- 피타브레드(18cm) 1장

**만들기**

1. 병아리콩은 물에 담가 반나절 이상 불린다.

2. 냄비에 불린 병아리콩, 물 4컵, 소금 ½작은술을 넣고 끓어오르는 거품을 걷어내며 25~30분간 삶는다. 삶은 병아리콩은 건져내 한 김 식히고 병아리콩 삶은 물 150mL는 따로 덜어둔다.

3. 믹서에 삶은 병아리콩과 병아리콩 삶은 물 150mL, 나머지 후무스 재료들을 넣고 곱게 간다.

4. 셀러리, 파프리카는 1cm×6cm 크기의 스틱 모양으로 썰고, 래디시는 반 자른다. 미니 당근은 껍질째 깨끗이 씻고, 큰 것은 길게 반 잘라 준비한다.

5. 피타브레드는 마른 팬에 1~2분간 구운 뒤 먹기 좋은 크기로 찢는다.

6. 그릇에 채소스틱, 올리브, 피타브레드, 후무스, 토마토 카순디 소스를 함께 담아 낸다.

**Tip**

* 병아리콩 통조림을 사용할 경우 병아리콩 분량을 1½컵으로 늘리고 통조림에 담겨 있던 물 ½컵을 넣으세요.

* 타히니 소스가 없을 때는 참깨 1컵을 믹서에 갈다가 완전히 곱게 갈렸을 때 카놀라유나 포도씨유같이 향이 없는 오일을 조금 넣어 갈면 비슷한 맛을 낼 수 있어요.

* 기호에 따라 후무스에 파프리카 파우더, 큐민시드, 펜넬시드 등을 추가해도 좋아요.

* 단호박, 비트, 완두콩 등을 추가해 다양한 맛의 후무스를 만들어보세요.
  ① 단호박 후무스 : 단호박 100g을 푹 찌거나 삶아 속만 파낸 뒤 나머지 재료와 함께 믹서에 넣고 곱게 간다.
  ② 비트 후무스 : 비트 100g을 껍질을 벗겨 깍둑썰기 한 뒤 오븐에 굽거나 푹 삶아 나머지 재료와 함께 믹서에 넣고 곱게 간다.
  ③ 완두콩 후무스 : 완두콩 100g을 푹 삶아 나머지 재료와 함께 믹서에 넣고 곱게 간다.

# 구운 채소 샌드위치

뉴질랜드 비건 카페의 인기 메뉴, 구운 채소 샌드위치예요.
오븐에 구워 맛이 깊고 풍부해진 채소에
캐슈 마요네즈와 토마토 카순디 소스를 발라 감칠맛을
더했답니다. 간단하게 만들 수 있고 맛도 좋은 샌드위치예요.

**재료 · 1인분**

○ 사워도우 슬라이스 2개
○ 주키니호박 ¹⁄₁₀개(60g)
○ 미니 당근 3개
○ 양파 ¼개
○ 비트 ⅛개(50g)
○ 브로콜리 ⅛개
○ 올리브오일 1큰술
○ 펜넬시드 1작은술
○ 소금 약간
○ 후춧가루 약간
○ 캐슈 마요네즈^p.56 1큰술
○ 토마토 카순디 소스^p.72 1큰술

**만들기**

① 주키니호박은 길게 반 잘라 1.5cm 두께로 어슷하게 썰고,
　　비트는 1cm×6cm 스틱 모양으로 자른다.
　　양파는 채 썰고, 브로콜리는 작은 송이로 나눠 반 자른다.
　　미니 당근 중 큰 것은 길게 반 자른다.

② 오븐 팬에 자른 채소를 올리고 그 위에 올리브오일, 펜넬시드, 소금,
　　후춧가루를 골고루 뿌린다.

③ 200℃로 예열된 오븐에 ②를 넣고 25~30분간 노릇하게 굽는다.

④ 사워도우 하나에 토마토 카순디 소스를 펴 바르고
　　나머지 하나에는 캐슈 마요네즈를 고루 펴 바른다.

⑤ 사워도우 하나에 구운 채소들을 올리고 나머지 사워도우로 덮어
　　완성한다.

# 불고기 반미

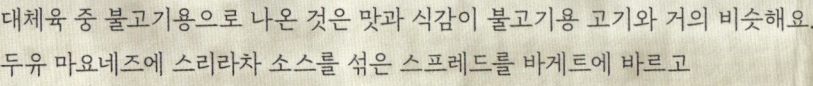

대체육
레시피

대체육 중 불고기용으로 나온 것은 맛과 식감이 불고기용 고기와 거의 비슷해요.
두유 마요네즈에 스리라차 소스를 섞은 스프레드를 바게트에 바르고
여러 가지 채소를 올린 뒤 불고기 양념으로 볶은 대체육을 올리면
베트남 생각이 절로 나는 반미 샌드위치 완성이에요.

## 재료·1인분

- ○ 쌀 바게트(반미용) 1개
- ○ 비건 불고기용 고기 50g
- ○ 오이 ⅙개
- ○ 청양고추 1개
- ○ 고수 2줄기
- ○ 청상추 2장
- ○ 카놀라유 1큰술

### 당근무절임

- ○ 당근 ⅙개
- ○ 무 30g
- ○ 식초 1작은술
- ○ 설탕 1작은술
- ○ 소금 ⅛작은술

### 불고기 양념

- ○ 진간장 1작은술
- ○ 아가베 시럽 또는 설탕 ½작은술
- ○ 다진 마늘 ½작은술
- ○ 참기름 ½작은술
- ○ 후춧가루 약간

### 스프레드

- ○ 두유 마요네즈<sup>p.58</sup> 2큰술
- ○ 스리라차 소스 1작은술

## 만들기

1. 당근과 무, 오이는 0.5cm 두께로 채 썬다. 청양고추는 송송 썬다.

2. 볼에 채 썬 당근과 무, 식초, 설탕, 소금을 넣어 버무려
   당근무절임을 만든다.

3. 스프레드용 두유 마요네즈와 스리라차 소스를 잘 섞는다.

4. 중간 불로 달군 팬에 카놀라유를 두른 뒤
   비건 고기를 넣어 1~2분 정도 볶다가
   불고기 소스 재료를 넣어 2분간 더 볶는다.

5. 바게트에 깊게 칼집을 넣어 양쪽으로 펼친다.

6. 바게트 안쪽 면에 ③의 스프레드를 바르고 청상추를 올린 뒤
   당근무절임의 물기를 꼭 짜 올린다.

7. 당근과 무 위에 불고기, 오이, 청양고추, 고수 순으로 얹은 뒤
   빵을 오므려 완성한다.

## Tip

* 대체육 대신 템페 50g을 1cm 두께로 잘라 구워 넣어도 맛있어요.

# 지라시 초밥

'지라시'란 일본어로 '흩뿌리다'란 단어로,
지라시 초밥은 단촛물로 간을 한 밥 위에
여러 가지 재료들을 흩뿌리듯 담아낸 초밥이랍니다.
밥 한 숟가락에 쫄깃쫄깃한 버섯과 유부,
오독오독한 당근과 오이, 아삭한 연근의 식감을 모두 느낄 수 있어요.

**재료 · 1인분**

○ 현미밥 1공기
○ 무순 약간

**유부버섯볶음**
○ 유부(조미 안 된 것) 4장
○ 백만송이버섯 30g
○ 진간장 1작은술
○ 아가베 시럽 또는 설탕 2작은술
○ 물 2큰술

**데친 연근**
○ 연근 2cm
○ 식초 1큰술

**당근오이절임**
○ 오이 ⅙개
○ 당근 ⅙개
○ 소금 ⅙작은술

**단촛물**
○ 식초 1큰술
○ 설탕 ½큰술
○ 소금 ¼작은술

**만들기**

① 유부는 얇게 채 썰고, 백만송이버섯은 밑동을 제거한다.
오이와 당근, 연근은 0.2cm 두께로 슬라이스 한다.

② 오이와 당근에 소금을 뿌려 15분 정도 절인 뒤 물기를 꼭 짠다.

③ 끓는 물에 식초 2큰술을 넣은 뒤 연근을 살짝 데친다.

④ 팬에 간장과 아가베 시럽, 물을 넣어 바글바글 끓기 시작하면
유부와 백만송이버섯을 넣고 1~2분간 더 볶는다.

⑤ 볼에 밥과 단촛물 재료를 넣고 고루 섞는다.

⑥ 그릇에 ⑤의 밥을 평평하게 깔고 유부버섯볶음, 당근오이절임, 연근,
무순을 얹는다.

Tip  일반식으로 만들기

횟감용 연어나 연어 슬라이스 70g을 한입 크기로 잘라 조리과정 ⑥에서 다른
재료들과 함께 밥 위에 올려요.

# 유부고추장 비빔밥

유부를 작게 잘라 볶음 고추장을 만들었어요.
고추장을 볶는 동안 유부에 맛이 배고 식감도 더 쫄깃해져
고기 넣어 만든 약고추장 못지않게 맛있답니다. 여러 가지
채소를 볶아 현미밥 위에 소담하게 올리고 먹음직스러운
유부 볶음고추장을 올려 맛있는 비빔밥을 만들어보세요.

## 재료 · 1인분

○ 현미밥 1공기
○ 참나물 2줄기
○ 카놀라유 적당량

**양파볶음**
○ 양파 ¼개
○ 소금 약간

**애호박볶음**
○ 애호박 ¼개
○ 소금 약간

**표고버섯볶음**
○ 표고버섯 3개
○ 소금 약간

**당근볶음**
○ 당근 ⅓개
○ 소금 약간

**유부 볶음고추장**
○ 유부 2장
○ 고추장 1큰술
○ 참기름 1큰술
○ 통깨 약간

## 만들기

1 애호박, 당근, 양파는 채 썰고 표고버섯은 0.3cm 두께로 슬라이스 한다.
유부는 1cm×1cm 크기로 자르고, 참나물은 4cm 길이로 썬다.

2 중간 불로 달군 팬에 카놀라유를 두른 뒤 양파와 소금을 넣어 2분간
볶는다. 완성된 양파볶음은 접시에 따로 옮겨둔다.

3 ②의 팬에 카놀라유를 조금 더 두르고 애호박과 소금을 넣고 1분 정도
볶아 애호박볶음을 만든다. 애호박볶음은 접시에 옮겨둔다.

4 ③의 팬에 카놀라유를 조금 두르고 표고버섯과 소금을 넣어 2분간
볶는다. 완성된 표고버섯볶음은 접시에 옮긴다.

5 ④의 팬에 카놀라유를 두르고 당근과 소금을 넣어 1분 정도 볶아
당근볶음을 만든다.

6 중간 불로 달군 팬에 유부를 1분 정도 볶다가
고추장, 참기름을 넣어 1분 더 볶은 뒤 통깨를 넣고 잘 섞는다.

7 그릇에 밥을 담고 그 위에 ②~⑤의 채소볶음과 참나물을 올리고
유부볶음 고추장을 넣어 비벼 먹는다.

# 오이지 오차즈케

오차즈케는 녹차를 우린 물에 밥을 말아먹는 일본 요리예요.
차가운 녹찻물에 밥을 넣고 짭짤하면서 오독오독 씹는 맛이 좋은
오이지를 올리면 개운하고 깔끔한 오차즈케를 만들 수 있답니다.
더운 여름 입맛 없을 때 꼭 한 번 만들어 볼만 한 메뉴예요.

**재료·1인분**

○ 현미밥 1공기
○ 오이지 ½개
○ 차조기 1장

**녹찻물**
○ 녹차 티백 1개
○ 물 2컵

**오이지 양념**
○ 통깨 1큰술
○ 참기름 1작은술
○ 매실청 ½작은술

## 만들기

① 물 2컵에 녹차 티백을 넣고 냉장고에 두어 녹차를 우린다.

② 오이지는 0.3cm 두께로 썬 뒤 찬물에 10~15분 정도 담가 짠맛을 뺀다.

③ ②의 오이지를 건져내 면포에 넣고 물기를 꼭 짠다.

④ 차조기는 얇게 채 썰고 통깨는 곱게 간다.

⑤ 볼에 물기를 꼭 짠 오이지와 매실청, 참기름, 통깨를 넣고 골고루 버무려 양념을 한다.

⑥ 그릇에 밥을 담고 그 위에 오이지와 차조기를 올린 뒤 ①의 녹찻물을 붓는다.

## Tip

* 녹찻물을 만들 때 말차가루를 사용하면 오차즈케가 텁텁해지니 녹차 티백을 사용하세요.

## Tip   일반식으로 만들기

오이지 대신 명란 1개(약 30~40g)를 준비해 중간 불로 달군 팬에 참기름 1작은술을 둘러 노릇하게 구워요. 구운 명란을 1cm 두께로 썰어 밥 위에 올린 뒤 녹찻물을 부으면 명란 오차즈케를 만들 수 있어요.

## 바질페스토 파스타 샐러드

향긋한 바질페스토를 집에서 만들어보세요.
바질페스토만 있다면 콜드 파스타 만들기 어렵지 않습니다.
파스타 면은 페스토가 잘 묻을 수 있게 푸실리를 사용했어요.
남은 바질페스토는 빵에 발라 먹어도 맛있답니다.

## 재료 · 1인분

○ 비건 숏파스타(푸실리) 100g
○ 방울토마토 5개
○ 블랙올리브 슬라이스 2큰술
○ 소금 1큰술

**바질페스토**

○ 생바질 30g
○ 잣 20g
○ 마늘 1톨
○ 올리브오일 ¼컵
○ 레몬즙 1큰술
○ 소금 ¼작은술

## 만들기

1 방울토마토는 꼭지를 떼고 반 자른다.

2 끓는 물에 소금을 넣고 파스타 면을 넣어 10분간 삶는다.
삶은 파스타는 체에 밭쳐 물기를 빼고 차갑게 식힌다.

3 믹서에 바질페스토 재료를 넣고 잣이 좁쌀만 해질 때까지 간다.

4 볼에 삶은 파스타, 바질페스토, 방울토마토, 블랙올리브를 넣고
잘 버무린다.

## Tip

* 바질 대신 루콜라나 참나물 등의 향긋한 제철 나물을 활용해 페스토를
  만들어도 좋아요.

# 뿌리채소 샐러드

땅속 영양분을 고스란히 품은 뿌리채소들을 구워 든든한 샐러드로
만들었어요. 채소마다 다른 맛과 식감이 입을 즐겁게 해준답니다.
영양분을 가장 많이 저장하고 있는 겨울 뿌리채소로 꼭 한 번 만들어보세요.

**재료 · 1~2인분**

○ 연근 ⅓개
○ 우엉 15cm
○ 단호박 ⅛개
○ 알감자 2개
○ 비트 ¼개
○ 래디시 2개
○ 미니 당근 4개
○ 올리브오일 2큰술
○ 소금 ¼작은술
○ 후춧가루 약간

**발사믹 드레싱**

○ 발사믹식초 2큰술
○ 올리브오일 1큰술
○ 다진 마늘 1작은술
○ 아가베 시럽 또는 설탕 2작은술
○ 후춧가루 약간

**만들기**

① 연근은 1cm 두께로 썰고, 우엉은 길게 반으로 썬 뒤 4cm 길이로 썬다.
비트는 껍질을 벗겨 2cm×2cm 크기로 깍둑썰기 한다.

② 단호박은 속을 파낸 뒤 알감자와 함께 한입 크기로 썰고,
미니 당근과 래디시는 잎과 줄기를 잘라낸다.

③ 오븐 팬에 손질한 채소들을 올리고 올리브오일, 소금, 후춧가루를
골고루 뿌린다.

④ 200℃로 예열된 오븐에 ③을 넣고 25~30분 노릇하게 굽는다.

⑤ 발사믹 드레싱 재료를 골고루 섞어 드레싱을 만들고
구운 채소와 함께 곁들여 낸다.

# 모둠 콩 샐러드

몸에 좋은 여러 가지 콩과 곡물로 만든 샐러드예요.
상큼한 레몬오일 드레싱이 콩의 풋내와 비린내를 없애준답니다.
재료들을 작게 잘라 수저로 퍼먹을 수 있게 만들었으니
예쁜 병에 담아 병 샐러드로 즐겨보세요.

## 재료 · 1인분

- 병아리콩 통조림 ½컵
- 렌틸콩 통조림 2큰술
- 퀴노아 ¼컵
- 키드니빈 통조림 2큰술
- 그린빈스 4개
- 오이 ¼개
- 방울토마토 6개
- 양파 ¼개

**레몬오일 드레싱**

- 레몬즙 3큰술
- 올리브오일 1큰술
- 아가베 시럽 또는 설탕 2작은술
- 이탈리안 파슬리 2줄기
- 소금 ¼작은술
- 후춧가루 약간

## 만들기

1. 퀴노아는 물 1½컵을 넣고 중간 불에서 12분 정도 삶은 뒤 체에 밭쳐 한 김 식힌다.

2. 병아리콩 통조림, 렌틸콩 통조림, 키드니빈 통조림은 체에 밭쳐 물기를 제거한다.

3. 그린빈스는 4등분한 뒤 끓는 물에 넣어 살짝 데친다.

4. 오이는 길게 반 자른 뒤 다시 한번 반 잘라 1cm 두께로 썬다. 양파는 1cm×1cm 크기로 자른다.

5. 이탈리안 파슬리는 잎만 떼어내 굵게 다지고 방울토마토는 반 자른다.

6. 드레싱 재료를 한데 넣고 고루 섞어 레몬오일 드레싱을 만든다.

7. 볼에 모든 재료를 넣고 고루 섞어 완성한다.

## Tip

\* 콩을 직접 삶아 준비해 보세요.

① 병아리콩 삶기 : 병아리콩 1컵이 완전히 잠기도록 물을 부어 8시간 이상 불린다. 콩이 3배 정도 불어나면 물 1L를 넣어 센 불에서 끓이고, 끓기 시작하면 중간 불로 낮춰 25~30분 더 삶는다.

② 렌틸콩 삶기 : 냄비에 렌틸콩 1컵과 물 3컵을 넣고 센 불에서 끓인다. 끓기 시작하면 중간 불로 낮춰 15~20분 삶는다.

③ 키드니빈 삶기 : 키드니빈 1컵이 완전히 잠기도록 물을 부어 8시간 정도 불린다. 냄비에 불린 키드니빈과 물 1L를 넣어 센 불에서 끓이고, 끓기 시작하면 중간 불로 낮춰 15~20분 더 삶는다.

# 베지 누들 샐러드

당근, 오이, 적양배추를 면처럼 얇고 길게 채 썬 뒤
아삭한 숙주를 더해 참깨마요 소스에 버무린 누들 샐러드예요.
당근과 적양배추의 은은한 단맛과 오이, 숙주의 시원하고
개운한 맛이 고소한 참깨마요 소스와 잘 어울려요.

**재료 · 1인분**

○ 오이 ½개
○ 당근 ¼개
○ 적양배추 ⅛개
○ 숙주 50g
○ 병아리콩 통조림 3큰술

참깨마요 드레싱

○ 통깨 3큰술
○ 캐슈 마요네즈ᵖ·⁵⁶ 2큰술
○ 진간장 1작은술
○ 아가베 시럽 또는 설탕 1작은술

**만들기**

① 오이, 당근, 적양배추는 채칼에 대고 슬라이스 해 채소 면을 만든다.

② 숙주는 흐르는 물에 씻어 지저분한 곳을 다듬는다.

③ 통깨를 곱게 간 뒤 드레싱 재료들과 한데 넣고 섞어 드레싱을 만든다.

④ 접시에 채소 면을 담은 뒤 병아리콩을 올리고 드레싱을 뿌려 잘 섞는다.

Tip

＊ 애호박이나 주키니호박을 길게 채 썰어 살짝 볶아 함께 넣어도 좋아요.
＊ 회전 채칼(스파이럴 라이저)이나 줄리엔 필러를 이용하면 일반 국수처럼 기다란
  채소 면을 만들 수 있어요.

Tip  일반식으로 만들기

달걀 1개를 완숙으로 삶아 0.5cm 두께로 슬라이스 해 토핑으로 추가해요.

# 해초 곤약면 샐러드

쫄깃쫄깃하면서도 오독오독 씹는 맛이 좋은 해초와 칼로리가 낮은 곤약 면으로
샐러드를 만들었어요. 드레싱에 연겨자와 다진 마늘을 넣어
자칫 비릿할 수 있는 맛을 깔끔하게 잡았답니다.
많이 먹어도 부담스럽지 않은 가볍고 깔끔한 샐러드예요.

**재료 · 1인분**

- 곤약 면 100g
- 해초 10g
- 오이 ¼개
- 양파 ¼개
- 방울토마토 4개
- 통깨 약간

**샐러드 드레싱**

- 진간장 1큰술
- 식초 1큰술
- 레몬즙 1큰술
- 아가베 시럽 또는 설탕 1큰술
- 다진 마늘 1작은술
- 연겨자 1작은술

**만들기**

1. 곤약 면은 끓는 물에 데친 뒤 체에 밭쳐 물기를 뺀다.

2. 해초는 찬물에 10분 정도 담가 짠맛을 뺀다.
   불린 해초는 체에 밭쳐 물기를 빼둔다.

3. 오이와 양파는 채 썰고, 방울토마토는 반 자른다.

4. 샐러드 드레싱 재료를 한데 넣어 고루 섞는다.

5. 도시락에 곤약 면을 담고 해초, 오이, 양파, 방울토마토를 올리고
   통깨를 뿌린다. 드레싱은 따로 담아두었다가 먹기 직전 잘 섞어 먹는다.

Tip

\* 곤약 면 대신 미역국수를 활용해도 좋아요.

Tip  일반식으로 만들기

칵테일새우 5마리를 끓는 물에 데쳐 조리과정 ⑤에 추가하세요.

# 판자넬라 샐러드

판자넬라는 이탈리아 토스카나에서 여름에 즐기는 브레드 샐러드예요.
오리지널 레시피는 빵, 토마토, 바질, 올리브오일 등을 사용하는데 여기에 블랙올리브를
추가해 풍미를 높였답니다. 집에서 먹다 남은 빵을 색다르게 즐길 수 있는 메뉴예요.

**재료 · 1인분**

○ 바게트 10cm
○ 방울토마토 6개
○ 오이 ⅓개
○ 적양파 ¼개
○ 블랙올리브 8알
○ 올리브오일 1큰술

**드레싱**

○ 올리브오일 2큰술
○ 화이트와인식초 1큰술
○ 이탈리안 파슬리 2줄기
○ 아가베 시럽 또는 설탕 ½작은술
○ 소금 ⅛작은술
○ 후춧가루 약간

**만들기**

1 바게트는 한입 크기로 썰고 방울토마토는 반 자른다.
오이는 길게 반 잘라 씨 부분을 도려낸 뒤 슬라이스 하고,
적양파는 채 썬다. 이탈리안 파슬리는 굵게 다진다.

2 중간 불로 달군 팬에 올리브오일을 두르고
바게트를 앞뒤로 뒤집어가며 노릇하게 굽는다.

3 드레싱 재료를 한데 넣고 골고루 섞는다.

4 볼에 모든 재료를 담고 드레싱을 뿌린 뒤 잘 섞어 완성한다.

Tip

* 바게트 대신 식빵이나 사워도우 등 다른 빵으로 만들어도 좋아요.

Tip  일반식으로 만들기

베이컨 칩이나 프로슈터 30g을 토핑으로 추가하세요. 베이컨 칩은 베이컨
2줄을 키친타월 깐 접시에 담아 전자레인지에 2분 돌린 뒤 한 김 식히고 먹기
좋게 부수면 됩니다.

# 리코타 시트러스 샐러드

상큼한 자몽과 오렌지에 두유로 만든 리코타치즈를 곁들인
시트러스 샐러드예요. 재료 고유의 맛을 살리기 위해 드레싱을 따로 하지 않고
올리브오일과 소금, 후춧가루로 깔끔하게 간을 했어요.
입맛이 없거나 몸이 무거운 날에 추천하는 메뉴랍니다.

**재료 · 1인분**

○ 자몽 1개
○ 오렌지 1개
○ 포기 로메인 50g
○ 애플민트 3줄기
○ 피스타치오 1큰술
○ 올리브오일 1큰술
○ 소금 약간
○ 후춧가루 약간

**두유 리코타치즈**

○ 무가당 두유 3컵
○ 레몬즙 3큰술
○ 소금 약간

**만들기**

1  냄비에 두유를 붓고 중약불에서 천천히 저어가며 끓인다.
   두유에 작은 기포가 올라오면 소금과 레몬즙을 넣고 살살 휘젓다가
   몽글몽글한 덩어리가 생기면 불에서 내린다.

2  체에 면포를 깔고 ①을 부어 덩어리만 거른 뒤
   손으로 물기를 꼭 짜 리코타치즈를 만든다.

3  자몽과 오렌지는 껍질을 벗긴 뒤 과육을 1cm 두께로 슬라이스 한다.

4  로메인은 한입 크기로 뜯고 피스타치오는 굵게 다진다.
   애플민트는 잎만 떼어 내 준비한다.

5  그릇에 로메인과 자몽, 오렌지, 애플민트, 리코타치즈를 담고
   다진 피스타치오를 뿌린다.
   먹기 직전 올리브오일과 소금, 후춧가루를 뿌린다.

# 주말 비건

## Chapter 5

주말 비건은 튀김, 볶음, 탕 등 좀 더 푸짐하고 다양하게 활용할 수 있는 채식 요리들을 준비했어요. 따라 해보면 고기 없이도 이렇게 맛있을 수 있나 놀라게 될 거예요. 채식이 처음인 사람도 금방 채식의 매력에 빠질 수 있을 거라 장담합니다. 마라샹궈, 텐동 등 요즘 인기 있는 요리의 비건 레시피도 소개할게요. 이번 주말 친구 또는 가족들과도 맛있는 채식 한 끼 어떠세요?

# 새송이버섯 유린기

닭다리살 대신 미니 새송이버섯으로 만든 유린기예요.
쫄깃한 새송이버섯 튀김과 새콤달콤한 유린기 소스가 아주 잘 어울려요.
버섯으로 만들어 칼로리도 낮고 소화도 잘된답니다.
별식으로도 좋고 술안주에도 잘 어울려요.

**재료·2인분**

○ 미니 새송이버섯 100g
○ 양상추 ¼개(120g)
○ 양파 ¼개
○ 덧밀가루 적당량
○ 튀김용 기름 적당량

**튀김반죽**
○ 박력분 ½컵
○ 얼음물 ½컵

**유린기 소스**
○ 진간장 1큰술
○ 식초 1큰술
○ 물 1큰술
○ 아가베 시럽 또는 설탕 2작은술
○ 다진 마늘 1작은술
○ 대파 10cm
○ 청양고추 1개
○ 홍고추 1개

## 만들기

① 미니 새송이버섯은 흐르는 물에 씻어 밑동을 자르고, 양파는 채 썬다.
  양상추는 한입 크기로 뜯어 얼음물에 담가 놓는다.

② 대파는 세로로 길게 반 자른 뒤 청양고추, 홍고추와 함께 송송 썬다.

③ 유린기 소스 재료를 한데 넣고 고루 섞는다.

④ 박력분과 얼음물을 잘 섞어 튀김반죽을 만든다.

⑤ 미니 새송이버섯에 덧밀가루를 골고루 묻힌 뒤
  튀김반죽에 담가 튀김옷을 입힌다.

⑥ 170℃의 기름에 튀김옷 입힌 새송이버섯을 넣고 노릇하게 튀겨낸다.

⑦ 접시에 양상추와 양파를 담고 새송이버섯 튀김을 올린 뒤
  소스를 골고루 뿌려 낸다.

## Tip

* 미니 새송이버섯 대신 큰 새송이버섯을 적당한 크기로 잘라 사용하거나
  표고버섯이나 물기를 쫙 뺀 두부를 한입 크기로 튀겨 유린기를 만들어도
  맛있어요.
* 달궈진 튀김 기름에 나무젓가락을 넣었을 때 젓가락 표면에 작은 기포들이
  생겨야 튀김하기 적당한 온도예요.
* 새송이버섯 튀김을 한 번 더 튀겨두면 더 바삭바삭한 유린기를 만들 수 있어요.

## Tip 일반식으로 만들기

새송이버섯 대신 닭다리살 2개를 한입 크기로 썬 뒤 튀김옷을 입혀 노릇하게
튀겨낸 뒤 유린기 소스를 뿌려 완성합니다.

# 팔라펠

뉴질랜드 비건 친구들이 즐겨 먹던 팔라펠이에요. 겉은 바삭하고 속은 촉촉한 튀김에
고수와 큐민 등 향신료를 넣어 이국적인 맛이 난답니다. 뉴질랜드에서는 핫도그 빵에
소시지 대신 팔라펠을 2~3개씩 넣어서 파는 곳도 있었는데, 그게 참 맛있었어요.

## 재료 · 25개 분량

**팔라펠**
- 병아리콩 1컵
- 양파 ¼개
- 고수 30g
- 파슬리 30g
- 마늘 3톨
- 큐민 1작은술
- 소금 2작은술
- 후춧가루 약간
- 밀가루 2큰술

**캐슈마요레몬 소스**
- 캐슈 마요네즈p.56 ½컵
- 레몬즙 2큰술

- 튀김용 기름 적당량
- 루콜라 20g

## 만들기

1. 병아리콩은 하룻밤 정도 물에 담가 크기가 3배 이상 커질 때까지 불린다.

2. 냄비에 불린 병아리콩과 물 1L, 소금 1작은술을 넣어 25~30분간 삶는다. 삶은 병아리콩은 건져내 체에 받쳐 한 김 식히고 물기를 완전히 없앤다.

3. 양파는 2등분하고, 고수와 파슬리는 잎만 떼어내 준비한다.

4. 푸드 프로세서에 삶은 병아리콩, 양파, 고수, 파슬리, 마늘, 큐민, 소금 1작은술, 후춧가루를 넣고 좁쌀만 하게 간 뒤 밀가루를 넣고 골고루 섞어 팔라펠 반죽을 만든다. 반죽을 담은 볼에 랩을 씌워 30분 정도 냉장고에 넣어 둔다.

5. 팔라펠 반죽을 한입 크기로 동그랗게 빚는다.

6. 팔라펠을 170℃의 기름에 넣고 노릇해질 때까지 5분 정도 튀긴다.

7. 캐슈 마요네즈와 레몬즙을 섞어 소스를 만든다.

8. 접시에 소스를 넓게 깔고 그 위에 팔라펠과 루콜라를 올린다.

## Tip

* 병아리콩을 삶고 나서 물기를 완전히 제거한 뒤 팔라펠 반죽을 만드는 게 좋아요. 병아리콩에 물기가 많이 남은 채 반죽을 하면 반죽이 질어져 튀길 때 반죽이 다 풀려버려요. 샐러드 스피너가 있다면 샐러드 스피너를 활용해 병아리콩의 물기를 완전히 제거한 뒤 사용하세요. 수분을 많이 머금고 있는 병아리콩 통조림은 사용하면 안 됩니다.

* 조리과정 ④번에서 푸드 프로세서가 없다면 믹서의 커터 기능을 사용해 팔라펠 반죽을 만들면 돼요. 믹서를 사용할 때는 중간중간 반죽을 잘 섞어가며 좁쌀만 하게 갈아 준비하세요.

* 팔라펠 반죽을 냉장고에 30분간 넣어두는 이유는 반죽 속 재료들이 골고루 수분을 흡수해 반죽끼리 잘 붙어있게 하기 위해서예요. 이 과정 없이 반죽을 바로 튀기면 튀길 때 팔라펠 모양이 흐트러져요.

# 채소 마라샹궈

매콤하고 얼얼한 맛이 매력적인 마라샹궈를
비건 레시피로 즐겨보세요. 좋아하는 채소를 준비해
마라샹궈 소스만 넣고 볶으면 됩니다.
친구들이 놀러 왔을 때 손님상 요리로 준비해보세요

### 재료 · 2인분

- ○ 연근 ¼개(50g)
- ○ 새송이버섯 2개
- ○ 흰 목이버섯 80g
- ○ 알배추잎 5장(120g)
- ○ 청경채 2포기
- ○ 숙주 70g
- ○ 납작 당면 50g
- ○ 푸주(건두부 면) 50g
- ○ 고수 20g
- ○ 마늘 6톨
- ○ 마라샹궈 소스 1봉(110g)
- ○ 카놀라유 2큰술

### 만들기

1. 납작 당면과 푸주는 미지근한 물에 담가 30분 정도 불린다.

2. 연근은 0.5cm 두께로 썰고, 새송이버섯은 0.5cm두께로 썬 뒤
   반 자른다. 흰 목이버섯은 한입 크기로 자른다.

3. 알배추는 한입 크기로 썰고, 청경채는 밑동을 잘라내고
   잎을 낱낱이 떼어 준비한다.

4. 마늘은 편 썰고 불린 푸주는 4cm 길이로 썬다.
   숙주와 고수는 지저분한 곳을 다듬는다.

5. 끓는 물에 연근, 새송이버섯, 흰 목이버섯, 알배추, 청경채, 숙주, 푸주를
   넣고 30초 정도 데친다.

6. 중간 불로 달군 팬에 카놀라유를 두른 뒤
   마늘을 넣어 1분 정도 볶아 향을 내고
   마라샹궈 소스를 넣어 30초간 더 볶는다.

7. 데친 연근, 새송이버섯, 알배추, 청경채, 숙주, 흰 목이버섯, 푸주를 넣고
   2분 정도 볶는다.

8. 불린 당면을 넣고 1~2분간 더 볶은 뒤 고수를 올려 마무리한다.

### Tip

\* 매운맛이 강하다면 조리할 때 땅콩버터를 1~2큰술 넣어 볶거나
  땅콩 소스(땅콩버터 2큰술, 물 1큰술, 식초 1큰술, 아가베 시럽 1작은술)를 만들어
  곁들여보세요.

\* 마라샹궈 소스 중 비건 제품인 것과 아닌 것이 있으니 성분표를 잘 확인한 뒤
  구매하세요. 책에서는 하이디라오 마라샹궈 소스를 사용했습니다.

### Tip 일반식으로 만들기

우삼겹 100g을 준비해 조리과정 ⑦에서 고기를 먼저 넣어 1분간 볶고 나머지
재료를 볶아주세요.

# 순대볶음맛 채소볶음

매콤하고 구수한 양념장으로 순대볶음맛을 낸
채소볶음이에요. 납작 당면과 다양한 식감을 가진 채소를
넣어 순대 없이도 충분히 든든하고 맛있어요.
순대볶음과 달리 마음껏 먹어도 속이 더부룩하지 않아요.

**재료 · 2인분**

○ 납작 당면 80g
○ 양배추 150g
○ 당근 ½개
○ 양파 ½개
○ 대파 1대
○ 깻잎 12장
○ 들깻가루 2큰술
○ 카놀라유 약간

**순대볶음맛 양념**

○ 진간장 2큰술
○ 고추장 1큰술
○ 고춧가루 1큰술
○ 설탕 1큰술
○ 들기름 1큰술
○ 다진 마늘 1큰술
○ 후춧가루 약간
○ 물 ½컵

**만들기**

1. 납작 당면은 미지근한 물에 30분 이상 담가 불린다.

2. 양배추는 깨끗이 씻어 한입 크기로 썰고
   당근은 길게 반 잘라 어슷썰기 한다.
   양파는 채 썰고 대파는 길게 반 자른 뒤 4cm 길이로 썰고,
   깻잎은 6등분한다.

3. 양념장 재료를 한데 넣어 골고루 섞는다.

4. 중간 불로 달군 팬에 카놀라유를 두르고 양배추, 당근, 양파, 대파를
   넣고 숨이 살짝 죽을 때까지 3분 정도 볶는다.

5. 당면과 양념장을 넣고 4~5분간 더 볶는다.

6. 깻잎과 들깻가루를 넣고 잘 섞이도록 볶아 마무리한다.

**Tip**

\* 납작 당면 대신 일반 당면을 사용하거나 떡볶이 떡이나 떡국 떡을 찬물에 30분
   정도 불렸다가 당면을 넣을 때 같이 넣어 볶아도 맛있어요.

**Tip** 일반식으로 만들기

납작 당면 대신 순대 200g을 전자레인지에 1분 정도 데운 뒤 조리과정 ④에서
채소와 함께 볶아주세요.

# 머시룸 햄버거

대체육
레시피

대체육 패티를 사용한 맛있는 머시룸 버거예요.
맛과 식감이 고기 패티와 비슷한 데다가
새콤한 양송이버섯볶음, 양파볶음, 토마토 등과 어울려
시판 햄버거 못지않게 맛있어요.

**재료 · 1인분**

○ 비건 햄버거빵 1개
○ 비건 버거 패티 1장
○ 토마토 ⅓개
○ 청상추 2장
○ 두유 마요네즈<sup>p.58</sup> 2큰술
○ 크런치 머스터드 1큰술
○ 후춧가루 약간
○ 카놀라유 적당량

**양파볶음**

○ 양파 ¼개
○ 소금 약간

**양송이버섯볶음**

○ 양송이버섯 3개
○ 발사믹식초 2작은술
○ 소금 약간
○ 후춧가루 약간

**만들기**

1  토마토는 0.5cm 두께로 슬라이스 하고, 양파는 채 썬다.
   양송이버섯은 얇게 슬라이스 한다.

2  중간 불로 달군 팬에 카놀라유를 두른 뒤
   양파와 소금을 넣고 갈색이 될 때까지 볶는다.

3  팬에 카놀라유를 두르고 중간 불로 달군 뒤
   양송이버섯과 소금을 넣고 볶는다.
   버섯이 부드러워지면 발사믹식초와 후춧가루를 넣고 졸이듯이 볶는다.

4  중간 불로 달군 팬에 카놀라유를 두른 뒤
   비건 패티를 올려 앞뒤로 노릇하게 3분 정도 굽는다.
   마지막에 후춧가루를 조금 뿌려 간한다.

5  달군 팬에 햄버거빵을 올려 빵 안쪽을 노릇하게 굽는다.

6  빵 안쪽에 두유 마요네즈를 골고루 바른 뒤
   청상추, 토마토, 패티, 크런치 머스터드, 양파볶음, 양송이버섯볶음
   순으로 올리고 빵을 덮어 마무리한다.

# 두부캐슈 깐풍기

고소한 두부를 큼지막하게 튀겨 깐풍기 소스로 버무린 비건 깐풍기예요.
매콤한 청양고추와 베트남고추를 넣어 느끼한 맛을 덜고,
캐슈너트를 넣어 고소함과 씹히는 맛을 더했어요.
맛도 좋고 보기에도 근사해 손님상 요리로 그만이랍니다.

**재료 · 2~3인분**

- 두부 1모
- 캐슈너트 10알
- 양파 ¼개
- 대파 흰 부분 10cm
- 청양고추 1개
- 베트남고추 6개
- 다진 마늘 1작은술
- 감자전분 ½컵
- 카놀라유 적당량

**깐풍기 양념**

- 진간장 1큰술
- 식초 1큰술
- 아가베 시럽 또는 설탕 1큰술
- 케첩 1큰술
- 물 2큰술
- 후춧가루 약간

**만들기**

1 두부는 키친타월을 받쳐 물기를 없앤 뒤 한입 크기로 깍둑썰기 한다.

2 양파, 대파, 청양고추는 굵게 다진다.

3 두부에 감자전분을 골고루 묻힌다.

4 중간 불로 달군 팬에 카놀라유를 넉넉하게 두른 뒤
감자전분을 입힌 두부를 넣어 튀기듯 노릇하게 굽는다.
구운 두부는 식힘망 위에 올려둔다.

5 두부를 뺀 ④의 팬에 카놀라유를 1큰술만 남긴 뒤
다진 마늘을 넣고 중약불에서 1분 정도 볶는다.

6 ⑤에 캐슈너트, 양파, 대파, 청양고추, 베트남고추를 넣고
중간 불에서 1분간 더 볶는다.

7 ⑥에 양념장 재료를 넣고 바글바글 끓기 시작하면
구운 두부를 넣고 두부에 양념이 골고루 배도록 뒤적여가며 볶는다.

**Tip**

* 두부를 한입 크기로 잘라 얼린 뒤 해동시켜 만들면, 더 쫄깃쫄깃한 두부
깐풍기를 만들 수 있어요.

**Tip** 일반식으로 만들기

두부 대신 닭다리살이나 닭가슴살 2개를 준비해보세요. 닭고기에 소금과
후춧가루로 간한 뒤 한입 크기로 썰고 전분옷을 입혀 굽거나 튀겨 두부 튀김을
대신할 수 있어요.

# 채소 텐동

바삭한 채소 튀김에 달콤 짭짤한 소스를 곁들여
든든한 덮밥으로 즐겨보세요.
가지, 연근, 버섯, 꽈리고추 등 채소 튀김마다
맛이 달라 먹는 재미가 있답니다.

**재료 · 2인분**

- 현미밥 2공기
- 가지 ½개
- 연근 2cm
- 표고버섯 2개
- 꽈리고추 6개
- 덧밀가루 적당량
- 튀김용 기름 적당량

**튀김반죽**
- 박력분 ½컵
- 얼음물 ½컵

**텐동 소스**
- 진간장 3큰술
- 미림 2큰술
- 설탕 1큰술
- 생강 슬라이스 1개
- 물 ¼컵

**만들기**

1 가지는 1cm 두께로 어슷하게 썰고, 연근은 0.5cm 두께로 썬다.
표고버섯은 밑동을 자른 뒤 갓 부분에 십자로 칼집을 넣어 모양을 내고
꽈리고추는 꼭지를 떼어 준비한다.

2 가지, 연근, 표고버섯, 꽈리고추에 밀가루를 골고루 묻힌다.

3 박력분과 얼음물을 가볍게 섞어 튀김반죽을 만든다.

4 밀가루 묻힌 채소를 튀김반죽에 담가 튀김옷을 입힌다.

5 170℃의 기름에 채소를 넣고 노릇하게 튀긴다.

6 냄비에 텐동 소스 재료를 넣고 한소끔 끓이거나
전자레인지 용기에 담아 1~2분간 돌린다.

7 그릇에 밥을 담고 그 위에 텐동 소스를 조금 뿌린 뒤
튀김을 담고 튀김 위에 다시 소스를 뿌린다.

Tip

* 튀김반죽을 만들 때 반죽을 너무 젓지 않도록 주의하세요. 글루텐이 형성돼
  튀김이 바삭바삭하지 않고 쫄깃쫄깃해져요.
* 달궈진 튀김 기름에 나무젓가락을 넣었을 때 젓가락 표면에 작은 기포들이
  생겨야 튀김하기 적당한 온도예요.
* 깻잎 2장을 준비해 한 장씩 통째로 튀김반죽을 입힌 뒤 튀겨 곁들여도 맛있어요.

# 양념치킨맛 브로콜리 튀김

치킨이 생각나는 날에는 양념치킨맛 소스에 버무린 브로콜리 튀김 어떠세요?
한국인이라면 누구나 좋아하는 매콤달콤한 소스에 브로콜리 튀김을 버무려
평소엔 잘 먹지 않는 줄기까지 맛있게 먹을 수 있답니다.

**재료 · 2인분**

○ 브로콜리 1개
○ 다진 땅콩 2큰술
○ 덧밀가루 적당량
○ 튀김용 기름 적당량

**튀김반죽**
○ 박력분 ½컵
○ 얼음물 ½컵

**양념치킨맛 소스**
○ 물엿 2큰술
○ 진간장 1큰술
○ 케첩 1큰술
○ 설탕 1큰술
○ 다진 마늘 1큰술
○ 고추장 2작은술
○ 고운 고춧가루 1작은술
○ 후춧가루 약간
○ 물 3큰술

**만들기**

1. 브로콜리는 깨끗이 씻어 작은 송이로 나누고,
   줄기는 1cm 두께로 슬라이스 한다.

2. 브로콜리에 밀가루를 골고루 묻힌다.

3. 박력분과 얼음물을 가볍게 섞은 뒤
   밀가루 묻힌 브로콜리를 담가 튀김옷을 입힌다.

4. 170℃의 기름에 브로콜리를 넣어 노릇하게 튀긴다.

5. 팬에 양념치킨맛 소스 재료를 넣어 바글바글 끓인다.

6. 소스가 끓기 시작하면 브로콜리 튀김을 넣고 골고루 버무린다.

7. 접시에 완성된 브로콜리 튀김을 담고 다진 땅콩을 뿌려 장식한다.

Tip

* 달궈진 튀김 기름에 나무젓가락을 넣었을 때 젓가락 표면에 작은 기포들이
  생겨야 튀김하기 적당한 온도예요.
* 브로콜리 튀김을 한 번 더 튀기면 더 바삭바삭한 튀김을 만들 수 있어요.
* 브로콜리 대신 콜리플라워로 만들어도 좋아요.

Tip   일반식으로 만들기

닭가슴살이나 닭다리살 2개를 준비해 소금과 후춧가루로 간한 뒤 한입 크기로
썰어 준비해보세요. 조리과정 ③에서 튀김옷을 입힌 뒤 노릇하게 튀겨 소스에
버무리면 홈메이드 양념치킨을 만들 수 있어요.

# 두부면 알리오올리오

두부 면과 올리브를 넣어 만든 알리오올리오예요.
스파게티 면을 삶는 과정이 없어 만들기 간단하고 두부 면을 넣어 맛도 더 담백해요.
칼로리도 낮아 다이어트에도 도움이 된답니다.

**재료 · 1인분**

○ 두부 면 100g
○ 마늘 10톨
○ 양파 ¼개
○ 페퍼론치노 5개
○ 블랙올리브 슬라이스 2큰술
○ 피티드 그린올리브 6알
○ 이탈리안 파슬리 2줄기
○ 올리브오일 3큰술
○ 소금 ¼작은술
○ 후춧가루 약간
○ 물 ¼컵

**만들기**

①  마늘은 편으로 썰고, 양파는 굵게 다진다.
    이탈리안 파슬리는 잎만 굵게 다져 준비한다.

②  중간 불로 달군 팬에 올리브오일을 두른 뒤
    마늘을 넣고 살짝 노릇해질 때까지 볶는다.

③  양파를 넣고 투명해질 때까지 3분 정도 볶다가
    페퍼론치노, 블랙올리브, 그린올리브를 넣고 1분간 더 볶는다.

④  두부 면을 넣고 소금, 후춧가루로 간을 한 뒤 2분 정도 더 볶는다.
    물기가 너무 없다면 물 ¼컵 정도를 넣어 볶는다.

⑤  접시에 옮겨 담고 다진 이탈리안 파슬리를 뿌려 마무리한다.

Tip

★ 알리오올리오 레시피에 토마토소스 ½컵만 넣으면 토마토소스 파스타를 만들 수 있어요.

Tip  일반식으로 만들기

두부 면 카르보나라를 만들어보세요. 베이컨 2줄을 한입 크기로 잘라 조리과정
②에서 마늘과 함께 볶고, 생크림 ¼컵과 달걀노른자 2개를 섞어 조리과정 ④에서
넣은 뒤 1~2분 정도 완성합니다. 마지막에 파르메산치즈가루를 뿌리면 더 맛있어요.
면은 일반 파스타 면을 사용해도 돼요.

# 우엉 연근 강정

우엉과 연근은 조림으로 만들어도 맛있지만 강정으로 만들면 훌륭한 일품요리가 된답니다.
우엉과 연근을 가볍게 튀겨 바삭바삭한 식감을 살리고 상큼한 유자간장 소스에 버무려보세요.
간식, 술안주, 밥반찬으로 모두 잘 어울려요.

**재료 · 2~3인분**

○ 우엉 ½대(100g)
○ 연근 ½개(150g)
○ 꽈리고추 6개
○ 감자전분 1컵
○ 튀김용 기름 적당량

**유자간장 소스**

○ 진간장 1큰술
○ 유자청 1큰술
○ 식초 1큰술
○ 물 2큰술
○ 참기름 2작은술
○ 다진 마늘 1작은술

**만들기**

1 우엉은 껍질째 깨끗이 씻어 1cm 두께로 어슷썰기 하고,
연근은 1cm 두께로 슬라이스 한다.
꽈리고추는 꼭지를 떼어낸 뒤 반으로 어슷하게 썬다.

2 손질한 채소에 감자전분을 골고루 묻힌다.

3 170℃의 기름에 감자전분 입힌 채소를 넣어 튀긴 뒤
한 번 더 바삭바삭하게 튀긴다.

4 냄비에 유자간장 소스 재료를 모두 넣고 한소끔 끓인다.

5 소스가 바글바글 끓기 시작하면 우엉과 연근을 넣고
고루 버무려 1~2분간 볶는다.

6 꽈리고추를 넣고 1분간 더 볶아 완성한다.

**Tip**

* 감자전분을 너무 두껍게 묻히면 채소가 가진 고유의 맛이 사라져요.
전분 가루는 가볍게 묻혀주세요.

**Tip**  일반식으로 만들기

돼지고기 목살 200g을 준비해 소금과 후춧가루로 밑간하고, 튀김옷을 입혀
노릇하게 튀겨내 추가해보세요. 연근과 우엉 대신 돼지고기를 넣을 때는 소스의
양은 그대로, 연근과 우엉의 양은 그대로 두고 돼지고기를 추가할 때는 유자간장
소스 재료의 양을 2배로 늘려 만드세요.

# 파개장

파를 듬뿍 넣고 끓여 달큼하면서도 개운한 파개장이에요.
담백하고 깔끔한 맛이 일품이랍니다. 만들 땐 많은 양을 넣어
푹 끓여야 더 맛있어요. 주말에 시간 내서 끓여 소분해
얼려 두었다 뜨끈한 국물이 생각나는 날 꺼내 데워 드세요.

**재료 · 3~4인분**

- 대파 2대
- 무 2cm(약 150g)
- 느타리버섯 100g
- 데친 고사리 100g
- 숙주 100g
- 건표고버섯 슬라이스 20g
- 다시마(5cm×5cm) 4장
- 고춧가루 2큰술
- 국간장 1큰술
- 참기름 1큰술
- 다진 마늘 1큰술
- 물 6컵

**만들기**

1. 건표고버섯과 다시마는 물에 담가 불린다.
   불린 물은 버리지 말고 따로 둔다.

2. 대파는 길게 반 잘라 4cm 길이로 자른 뒤,
   무는 얇게 슬라이스 한다. 데친 고사리는 먹기 좋은 길이로 썬다.

3. 느타리버섯은 밑동을 제거한 뒤 가닥가닥 뜯고,
   숙주는 지저분한 부분을 다듬는다.

4. 중간 불로 달군 냄비에 참기름을 두른 뒤
   대파와 무를 넣고 1분 정도 볶는다.

5. ④에 느타리버섯, 데친 고사리, 불린 건표고버섯, 고춧가루, 다진 마늘을
   넣어 2~3분간 더 볶는다.

6. 건표고버섯과 다시마 불린 물 6컵을 부어 25~30분 정도 끓인다.

7. 숙주를 넣고 한소끔 더 끓인 뒤 국간장을 넣어 간한다.
   국간장의 양은 기호에 따라 조절한다.

**Tip**  일반식으로 만들기

불고기용 소고기 200g을 준비해 조리과정 ④에서 대파와 무를 볶은 다음
고기를 넣고 2분 정도 볶아요.

# 두부 전골

채소와 버섯을 듬뿍 넣어 끓인 깔끔하고 담백한 두부 전골이에요.
추운 날 여럿이 둘러앉아 보글보글 끓여 가면서 드셔 보세요.
취향에 따라 와사비나 연겨자간장 소스를 곁들여도 좋아요.

## 재료 · 3~4인분

○ 두부 ½모(100g)
○ 애호박 ⅓개
○ 연근 ⅓개
○ 당근 ½개
○ 양파 ½개
○ 대파 1대
○ 배춧잎 5장

○ 쑥갓 50g
○ 표고버섯 4개
○ 팽이버섯 100g

**국물**
○ 채수<sup>p.70</sup> 5컵
○ 국간장 2큰술

## 만들기

1. 두부는 2cm×2cm 크기로 깍둑썰기 하고
   당근, 애호박, 연근은 길게 반 자른 뒤 0.3cm 두께로 반달썰기 한다.
   배춧잎은 한입 크기로 썬다.

2. 양파는 채 썰고, 대파는 길게 어슷썰기 한다.
   표고버섯은 밑동을 떼어 4등분하고, 쑥갓은 5cm 길이로 썬다.
   팽이버섯은 밑동을 잘라내 준비한다.

3. 전골 냄비에 재료들을 보기 좋게 돌려 담는다.

4. 채소를 담은 냄비에 채수를 부어 한소끔 끓이고 국간장으로 간을 한다.
   국간장의 양은 기호에 따라 조절한다.

## Tip

\* 기호에 따라 고춧가루나 된장을 넣어 다양한 맛의 두부 전골을 즐겨보세요.

## Tip  일반식으로 만들기

불고기용 소고기 200g에 간장 1큰술, 설탕 1작은술, 다진 마늘 1작은술, 참기름 1작은술,
소금·후춧가루를 조금씩 넣어 양념한 뒤 조리과정 ③에서 다른 재료들과 함께 담고 끓여요.

# 찜닭맛 버섯 채소찜

닭고기가 들어가지 않아도 찜닭맛이 나는 채소찜을 만들 수 있어요.
쫄깃쫄깃한 버섯과 당면, 아삭한 채소가 매콤하면서도
감칠맛 나는 양념과 잘 어울려요. 좋아하는 채소를 듬뿍 넣어 만들어보세요.

### 재료 · 2~3인분

○ 새송이버섯 2개
○ 백만송이버섯 100g
○ 감자 1개
○ 양파 ½개
○ 당근 ¼개
○ 오이 ¼개
○ 대파 1대
○ 마른 고추 1개
   (또는 베트남고추 5개)
○ 납작 당면 80g
○ 떡볶이 떡 100g
○ 카놀라유 2큰술

**찜닭맛 소스**

○ 진간장 4큰술
○ 미림 2큰술
○ 설탕 2큰술
○ 물엿 1큰술
○ 다진 마늘 1큰술
○ 다진 생강 ½작은술
○ 물 1컵
○ 참기름 1큰술
○ 후춧가루 ½작은술

### 만들기

① 납작 당면은 미지근한 물에 담가 30분간 불린다.

② 찜닭맛 소스 재료를 한데 넣어 골고루 섞는다.

③ 새송이버섯은 1cm 두께로 썰고, 백만송이버섯은 밑동을 잘라낸다.

④ 감자는 1.5cm 두께로 썰고, 당근과 오이는 0.5cm 두께로 어슷하게
   썬다. 대파는 길게 반 잘라 4cm 길이로 썰고 양파는 두껍게 채 썬다.
   마른 고추는 가위로 어슷하게 썬다.

⑤ 중간 불로 달군 냄비에 카놀라유를 두른 뒤
   새송이버섯, 백만송이버섯, 양파, 감자, 당근, 오이, 마른 고추를 넣고
   4~5분 정도 볶는다.

⑥ 찜닭맛 소스를 넣고 15분 정도 끓이다가
   떡볶이 떡, 납작 당면, 대파를 넣고 3~4분 정도 더 끓어 완성한다.

### Tip

\* 냉동 떡볶이 떡을 사용할 경우 조리과정 ①에서 당면과 함께 물에 불려 사용하세요.

### Tip   일반식으로 만들기

닭볶음탕용 닭 1마리(약 800~900g)를 준비해 끓는 물에 한 번 데칩니다. 냄비에
데친 닭고기와 양을 두 배로 늘린 찜닭 소스, 물 1컵을 넣고 15분 정도 중간 불에서
끓이다가 나머지 재료를 넣고 10~15분 정도 더 끓여 완성합니다.

# 배추 애호박 비지찌개

참기름 향이 은은하게 올라오는 부드럽고 담백한 비지찌개예요.
비지의 고소함과 배추의 시원함, 애호박의 달큼한 맛이 너무 잘 어울려요.
청양고추를 송송 썰어 넣거나 고춧가루를 넣어
칼칼한 맛의 비지찌개를 끓여도 좋아요.

**재료 · 2인분**

○ 비지 300g
○ 배춧잎 4장
○ 양파 ¼개
○ 애호박 ¼개
○ 대파 5cm

○ 채수<sup>p.70</sup> 1컵
○ 참기름 1큰술
○ 국간장 1큰술
   (또는 소금 ½작은술)

**만들기**

1　배춧잎은 깨끗이 씻어 한입 크기로 썰고 애호박은 길게 반 자르고
　　다시 한번 반 잘라 1cm 두께로 썬다.
　　양파는 채 썰고 대파는 송송 썬다.

2　중간 불로 달군 냄비에 참기름을 두른 뒤
　　양파와 배춧잎을 넣고 2~3분 정도 볶는다.

3　채수를 붓고 한소끔 끓인다.

4　비지와 애호박을 넣고 중약불에서 5분간 더 끓인다.

5　대파를 넣어 한소끔 더 끓이고 국간장이나 소금으로 간하여 마무리한다.

Tip

\* 비지는 제품마다 농도가 달라요 비지가 너무 묽다면 물의 양을 줄이고
　되직하다면 물의 양을 늘려 만드세요.

Tip　일반식으로 만들기

조리과정 ②에서 달군 냄비에 참기름 1큰술을 두르고 다진 마늘 1작은술과 다진
돼지고기 150g을 넣고 1~2분 볶은 뒤 양파와 배춧잎을 넣어 볶아요. 배춧잎
대신 묵은지 100g을 넣어도 맛있어요.

# 뿌리채소 은행 솥밥

땅의 기운을 그대로 품은 뿌리채소로 만든 보기에도 좋고
맛도 좋은 건강한 솥밥이에요. 평범한 밥이 지겨울 땐
여러 가지 건강한 재료들을 예쁘게 올려 솥밥으로 즐겨보세요.

**재료 · 2인분**

- ○ 현미쌀 1컵
- ○ 연근 5cm
- ○ 우엉 5cm
- ○ 당근 ⅛개
- ○ 표고버섯 3개
- ○ 깐 은행 10알
- ○ 다시마(5cm×5cm) 1장
- ○ 물 2½컵

**만들기**

1. 현미쌀은 물에 담가 5시간 정도 불린다.

2. 연근은 껍질째 깨끗이 씻어 1cm 두께로 썰고
   우엉은 0.3cm 두께로 어슷썰기 한다.

3. 당근은 채 썰고, 표고버섯은 0.5cm 두께로 썬다.

4. 솥에 불린 쌀과 다시마를 넣고 물을 붓는다.

5. 쌀 위에 연근, 우엉, 당근, 표고버섯, 은행을 보기 좋게 올린다.

6. 뚜껑을 닫고 센 불에서 끓이다 밥물이 끓어 오르면
   약한 불로 줄여 35~40분 더 끓인 뒤 불을 끄고
   10분간 뜸을 들여 마무리한다.

**Tip**

\* 진간장, 참기름, 송송 썬 쪽파, 통깨를 고루 섞어 양념장을 만든 뒤 솥밥에 비벼
  먹어도 좋아요.

# 들깨 버섯탕

쌀쌀한 계절 보양식으로 좋은 들깨 버섯탕이에요.
들깨의 구수한 맛과 버섯의 조화가 아주 좋답니다.
여러 가지 버섯들을 듬뿍 넣고 푹 끓여 건강한 한 끼를 준비해 보세요.

**재료 · 2~3인분**

○ 표고버섯 3개
○ 백만송이버섯 150g
○ 당근 ⅓개
○ 양파 ½개
○ 대파 10cm

○ 들기름 1큰술
○ 채수ᵖ·⁷⁰ 3컵
○ 들깻가루 6큰술
○ 국간장 1큰술

**만들기**

① 표고버섯은 밑동을 잘라낸 뒤 0.5cm 두께로 썰고,
백만송이버섯은 밑동을 잘라내 준비한다.
당근은 0.5cm로 반달썰기 한다. 양파는 채 썰고 대파는 송송 썬다.

② 중간 불로 달군 냄비에 들기름을 두른 뒤
표고버섯과 백만송이버섯을 넣고 1분 정도 볶는다.

③ 당근과 양파를 넣어 1분간 더 볶는다.

④ 들깻가루를 넣고 채수를 부어 20분 정도 끓인다.

⑤ 국간장을 넣어 간을 한 뒤 대파를 넣어 한소끔 더 끓여 낸다.

Tip

* 호두, 캐슈너트, 잣 등의 견과류를 ½컵 정도 갈아 국물에 넣으면 더 진하고
고소한 들깨 버섯탕을 만들 수 있어요.

## 버섯 크림 리소토

씹을 때마다 톡톡 터지는 보리와 표고버섯의 향이 은은하게 올라오는
버섯 크림 리소토예요. 맛이 부드럽고 고소해 아이들과 함께 만들어 먹기 좋아요.
보리 대신 율무나 현미 등 다른 잡곡을 활용해도 좋습니다.

**재료 · 2인분**

- 보리쌀 ½컵
- 표고버섯 4개
- 양송이버섯 6개
- 양파 ½개
- 마늘 2톨

- 올리브오일 3큰술
- 채수<sup>p.70</sup> 2컵
- 무가당 두유 1컵
- 소금 ½작은술
- 후춧가루 약간

**만들기**

1. 보리쌀은 물에 담가 1시간 정도 불린다.

2. 표고버섯과 양송이버섯은 깨끗이 씻어 밑동을 제거한 뒤 얇게 슬라이스 하고, 마늘과 양파는 잘게 다진다.

3. 중간 불로 달군 팬에 올리브오일을 두른 뒤 다진 마늘과 양파를 넣고 양파가 투명해질 때까지 2분 정도 볶는다.

4. 보리쌀을 넣고 오일로 코팅하듯이 2분 정도 더 볶는다.

5. 버섯과 소금, 후춧가루를 넣고 버섯이 부드러워질 때까지 2분 정도 더 볶다가 채수를 조금씩 넣어가며 13~15분간 볶는다.

6. 보리쌀이 거의 익었을 쯤 두유를 넣고 걸쭉해질 때까지 끓인다. 기호에 따라 소금으로 간한다.

**Tip**

* 보리쌀 대신 비건 숏파스타를 넣어서 크림 파스타를 만들어도 맛있어요. 토마토소스 ½컵을 넣으면 로제 스타일의 파스타를 만들 수 있습니다.
* 쌀을 미리 불려 놓지 않았다면 쌀밥을 이용해도 좋아요. 쌀밥을 사용할 땐 채수의 양을 반으로 줄여야 해요.

**Tip  일반식으로 만들기**

베이컨 1~2줄을 준비해 1cm 길이로 잘라 조리과정 ⑤에 넣어 볶고, 마지막에 파르메산치즈 20g 정도를 강판에 갈아 뿌려주세요.

# 두부 팟타이

피시 소스를 넣지 않아도 새콤달콤 감칠맛이 나는 맛이 나는 비건 팟타이예요.
해산물이나 고기 대신 두부를 구워 넣어 더 담백하고 깔끔한 맛이 특징이랍니다.
태국음식이 먹고 싶은 날 만들어 가볍게 즐겨보세요.

**재료 · 1인분**

- 쌀국수 면(3mm) 80g
- 두부 ⅓모(100g)
- 양파 ¼개
- 당근 ⅛개
- 방울토마토 3개
- 숙주 60g
- 고수 2줄기
- 쪽파 2대
- 다진 마늘 1작은술
- 칠리 플레이크 적당량
- 다진 땅콩 1큰술
- 소금 약간
- 카놀라유 2큰술

**팟타이 양념**

- 진간장 1큰술
- 레몬즙 1큰술
- 스리라차 소스 2작은술
- 아가베 시럽 또는 설탕 2작은술
- 땅콩버터 1작은술
- 다진 마늘 1작은술

**만들기**

1. 쌀국수 면은 끓는 물에 넣어 4분간 삶은 뒤 체에 받쳐 물기를 뺀다.

2. 두부는 한입 크기로 썬 뒤 키친타월에 올려 물기를 뺀다.

3. 쪽파는 4cm 길이로 썰고 양파와 당근은 채 썬다. 방울토마토는 반 자르고 숙주는 지저분한 곳을 다듬는다.

4. 팟타이 양념 재료를 한데 넣고 골고루 섞는다.

5. 중간 불로 달군 팬에 카놀라유를 1큰술 두른 뒤 두부를 넣고 소금을 뿌려 노릇하게 굽는다. 구운 두부는 식힘망 위에 올려둔다.

6. 팬에 카놀라유 1큰술과 다진 마늘을 넣고 1분 정도 볶아 향을 낸 뒤 양파와 당근을 넣어 1분 정도 더 볶는다.

7. ⑥에 숙주, 쪽파, 방울토마토, 불린 쌀국수 면, 구운 두부, 팟타이 양념을 모두 넣고 1분간 더 볶는다.

8. 접시에 담은 뒤 다진 땅콩과 칠리 플레이크를 뿌리고 고수를 곁들여 낸다.

## Tip

* 두부를 한입 크기로 썰어 얼렸다가 사용하면 쫄깃해져요. 두부 대신 템페를 넣어도 좋아요.
* 쌀국수 면은 제품마다 조리하는 방법이 모두 달라요. 사용하는 제품에서 제시하는 조리법을 참고하여 조리시간이나 조리방법을 달리하세요.

## Tip 일반식으로 만들기

두부 대신 해산물을 넣어 만들어보세요. 칵테일새우 2~3마리와 오징어(몸통 부분) ⅓마리를 준비해 조리과정 ⑦에 넣어 2분 정도 볶고 쌀국수 면, 숙주 등의 재료를 넣고 1분간 더 볶아요.

# 우엉 감자채전

우엉과 감자를 가늘게 채 썰어 만든 바삭 쫀득한 감자채전이에요.
우엉을 굵게 채 썰면 더 아삭아삭한 맛의 전을 만들 수 있어요.
우엉의 양을 더 늘리거나 청양고추를 채 썰어 넣어
매콤한 전을 만들어도 맛있어요.

**재료 · 지름 7cm×12개 분량**

○ 감자 2개
○ 우엉 10cm
○ 감자전분 3큰술
○ 소금 약간
○ 카놀라유 적당량

**청양고추 초간장**

○ 청양고추 1개
○ 진간장 1큰술
○ 식초 1큰술
○ 물 1큰술

**만들기**

1 감자와 우엉은 껍질째 깨끗이 씻어 얇게 채 썬다.

2 청양고추는 송송 썬다.

3 청양고추 초간장 재료를 한데 넣어 고루 섞는다.

4 볼에 감자전분과 소금을 넣고 잘 섞은 뒤 채 썬 우엉과 감자를 넣고 골고루 묻힌다.

5 중간 불로 달군 팬에 카놀라유를 넉넉히 두른 뒤 감자전분을 묻힌 우엉 감자채를 지름 7cm 정도 크기로 올려 앞뒤로 노릇하게 굽는다.

6 접시에 완성된 우엉 감자채전을 담고, 청양고추 초간장을 곁들여 낸다.

Tip

\* 당근을 얇게 채 썰어 추가해도 좋아요.

Tip  일반식으로 만들기

완성된 우엉 감자채전을 접시에 담고 파르메산치즈를 강판에 갈아 뿌리면 풍미가 좋아져요.

# 볶음우동

여러 가지 채소를 넣어 아삭하게 볶고
달콤 짭짤한 양념을 더해 볶음우동을 만들었어요.
쫄깃쫄깃한 우동 면과 아삭한 채소가 잘 어울린답니다.
취향에 따라 좋아하는 채소들을 더해 만들어 보세요.

**재료 · 1인분**

○ 우동 면 200g
○ 양배추 80g
○ 빨강 파프리카 ¼개
○ 청경채 1포기
○ 숙주 100g
○ 양파 ¼개
○ 대파 5cm
○ 쪽파 1대
○ 카놀라유 2큰술

**양념**

○ 진간장 2큰술
○ 아가베 시럽 또는 설탕 2작은술
○ 참기름 1작은술
○ 후춧가루 약간

**만들기**

1. 끓는 물에 우동 면을 넣어 1분간 데친다.
   데친 면은 체에 받쳐 물기를 뺀다.

2. 양배추는 한입 크기로 썰고, 양파와 파프리카는 채 썬다.
   청경채는 4등분하고 대파와 쪽파는 송송 썬다.
   숙주는 지저분한 부분을 다듬는다.

3. 달군 팬에 카놀라유를 두르고 대파를 넣어 1분 정도 볶아 향을 낸다.

4. 양배추, 파프리카, 양파를 넣고 3분간 더 볶는다.

5. 우동 면과 청경채, 숙주, 양념 재료를 모두 넣고 잘 뒤적여가며
   2분간 더 볶는다.

6. 접시에 완성된 볶음우동을 담고 송송 썬 쪽파를 뿌린다.

## Tip

\* 시판 우동 면을 끓는 물에 데치지 않고 사용하면 신맛이 나니 꼭 데쳐 사용하세요.

## Tip  일반식으로 만들기

해산물을 추가해보세요. 칵테일새우 2~3개와 오징어(몸통 부분) ⅓마리를
링 모양으로 썰어 조리과정 ④에서 채소와 함께 넣고 볶으면 돼요.

# 가지 라자냐

채소로 만든 라구 소스에 라자냐 면 대신 가지를 슬라이스 해 올리고,
베샤멜 소스 대신 두유로 만든 리코타치즈를 올려 만든 완벽한 비건 라자냐예요.
촉촉한 가지와 짭짤한 라구 소스와 리코타치즈의 맛이
자꾸 손이 가게 만들어요. 많이 먹어도 속이 편안하답니다.

**재료 · 2~3인분**

- 가지 1개
- 소금 약간
- 후춧가루 약간
- 올리브오일 3큰술
- 비건 모차렐라치즈 ½컵
  (또는 슬라이스치즈 2장)
- 비건 리코타치즈<sup>p.174</sup> 150g
- 생바질 적당량

**비건 라구 소스**

- 양파 ½개
- 당근 ⅓개
- 셀러리 10cm
- 주키니호박 50g
- 양송이버섯 3개
- 홀토마토 1캔(400g)
- 올리브오일 2큰술
- 아가베 시럽 또는 설탕 1작은술
- 소금 ¼작은술
- 후춧가루 약간

**만들기**

1. 가지는 깨끗이 씻어 꼭지를 자르고 0.5cm 두께로 길게 슬라이스 한다.

2. 양파, 당근, 셀러리, 주키니호박, 양송이버섯은 0.5cm×0.5cm 크기로 깍둑썰기 한다.

3. 중간 불로 달군 팬에 올리브오일을 3큰술 두른 뒤 가지를 넣고 소금, 후춧가루를 뿌려 앞뒤로 노릇하게 굽는다.

4. 중간 불로 달군 팬에 올리브오일 2큰술을 두르고 양파, 당근, 셀러리를 넣고 2분 정도 볶다가 주키니호박, 양송이버섯, 소금, 후춧가루를 넣고 3분간 더 볶는다.

5. ④에 아가베 시럽과 홀토마토를 으깨어 넣고 걸쭉해질 때까지 20~25분간 끓여 라구 소스를 만든다.

6. 오븐 팬에 라구 소스를 얇게 펴 바르고 그 위에 구운 가지 3~4장을 얹는다.

7. 가지 위에 라구 소스를 한 번 더 도톰하게 올린 뒤 비건 리코타치즈를 올린다. ⑥~⑦ 과정을 한 번 더 반복한 뒤 마지막에 비건 모차렐라치즈를 얹는다.

8. 180℃로 예열한 오븐에서 15~20분간 노릇하게 구운 뒤 바질을 올려 마무리한다.

**Tip**  일반식으로 만들기

라구 소스를 만들 때 양송이버섯 대신 다진 소고기 200g을 준비한 뒤 조리과정 ④의 맨 마지막에 넣고 볶아 반 정도 익혀요.

# 방울토마토 국수

토마토와 고추장의 매콤새콤한 국물이 입맛을 돋우는 여름 별미 국수예요.
토마토 국물 재료를 곱게 갈아 차갑게 한 뒤 소면을 말기만 하면 돼
만들기도 아주 쉽답니다. 아이들과 함께 먹을 땐 고추장 양을 좀 더 줄여 만드세요.

**재료·2인분**

○ 소면 200g
○ 소금 1큰술

**고명**
○ 방울토마토 4개
○ 오이 ¼개
○ 깻잎 또는 차조기 2장

**토마토 국물**
○ 방울토마토 500g
○ 양파 ⅛개
○ 마늘 ½톨
○ 고추장 2큰술
○ 식초 또는 레몬즙 1큰술
○ 아가베 시럽 또는 설탕 1큰술

**만들기**

① 고명과 국물에 사용하는 방울토마토의 꼭지를 떼어낸다.

② 믹서에 토마토 국물 재료를 모두 넣고 곱게 간 뒤
냉장고에 두어 차갑게 한다.

③ 고명으로 쓰는 방울토마토는 반 자르고, 오이와 깻잎은 곱게 채 썬다.

④ 끓는 물에 소금을 넣은 뒤 소면을 넣어 4분간 삶는다.
국수를 삶는 동안 물이 끓어 넘치려 하면 찬물을 조금씩 넣고,
다 삶은 국수는 건져내 찬물에 박박 문질러 씻는다.

⑤ 그릇에 소면을 보기 좋게 담은 뒤 고명을 위에 올리고
가장자리에 토마토 국물을 붓는다.

## Tip

★ 방울토마토 대신 잘 익은 일반 토마토나 대저토마토 등을 사용해도 좋아요.
★ 소면 대신 메밀 면이나 우동 면을 활용해도 맛있어요.

# 라타투이

라타투이는 프랑스 프로방스 지방의 대표적인 채소 요리예요. 여러 가지 채소를
얇게 슬라이스 해 토마토소스와 함께 켜켜이 쌓은 뒤 오븐에서 부드럽게 구우면 돼요.
만드는 법은 간단하지만 모양새가 좋아 손님상 요리로도 손색없어요.

## 재료 · 3~4인분

○ 토마토 2개
○ 가지 1개
○ 주키니호박 ½개
○ 양송이버섯 4개
○ 양파 ½개
○ 마늘 3톨

○ 토마토소스 2컵
○ 올리브오일 2큰술
○ 소금 약간
○ 후춧가루 약간
○ 생바질 적당량

## 만들기

① 토마토, 가지, 주키니호박은 0.5cm 두께로 썰고,
   양송이버섯은 4등분한다. 양파와 마늘은 잘게 다진다.

② 토마토, 가지, 주키니호박에 소금과 후춧가루를 뿌려 간한다.

③ 달군 팬에 올리브오일 1큰술을 두른 뒤
   마늘과 양파를 넣고 1분 정도 볶는다.

④ 양송이버섯을 넣어 1분간 더 볶다가 토마토소스를 넣어 한소끔 끓인다.

⑤ 오븐 용기에 ④의 토마토소스를 고르게 깔고
   그 위에 토마토, 가지, 주키니호박을 번갈아가며 켜켜이 담는다.
   마지막에 올리브오일을 고루 뿌린다.

⑥ 200℃로 예열한 오븐에서 라타투이를 넣고 20~25분 정도 굽는다.

⑦ 완성된 라타투이 위에 바질잎을 올려 마무리한다.

Tip  일반식으로 만들기

생모차렐라치즈 ½개를 준비해 1cm로 슬라이스 한 뒤 조리과정 ⑤의 마지막에
올리고 오븐에 구워요.

# 미나리 두부 만두

미나리의 향긋함을 제대로 느낄 수 있는 담백하고 깔끔한 만두예요.
기름진 재료가 들어가지 않아 많이 먹어도 속이 더부룩하지 않아 좋아요.
쪄서 초간장에 찍어 먹어도 되고, 만둣국이나 만두전골로 먹어도 좋아요.

## 재료 · 30개 분량

○ 만두피 30장
○ 두부 1모(300g)
○ 미나리 10줄기(50g)
○ 표고버섯 3개
○ 참기름 1작은술
○ 소금 ¼작은술
○ 후춧가루 약간

**초간장**

○ 진간장 1큰술
○ 식초 1큰술
○ 물 1큰술
○ 고춧가루 약간

## 만들기

1. 두부는 면포에 감싸 물기를 꼭 짠다.

2. 미나리는 송송 썰고, 표고버섯은 굵게 다진다.

3. 중간 불로 달군 팬에 참기름을 두른 뒤
   표고버섯을 넣고 1~2분 정도 뒤적여가며 볶는다.

4. 볼에 으깬 두부, 볶은 표고버섯, 미나리, 소금, 후춧가루를 넣고
   골고루 섞어 만두소를 만든다.

5. 만두피 위에 만두소를 1큰술씩 올려 만두를 빚는다.

6. 초간장 재료를 한데 넣어 고루 섞는다.

7. 김이 오른 찜기에 면포를 깔고 만두를 올려 3~4분 정도 찐다.

8. 접시에 완성된 만두를 담고 초간장을 곁들여 낸다.

## Tip

* 만두를 빚을 때 만두를 접기 전 테두리에 물을 발라주면 만두피끼리 잘 달라
  붙어요. 만두소는 너무 많이 넣으면 만두피가 터지니 주의하세요.

* 찜기에 면포를 깔지 않으면 만두가 눌어붙으니 꼭 면포나 종이호일 등을 깔고
  만두를 올리세요.

## Tip   일반식으로 만들기

두부의 양을 반으로 줄이고 다진 돼지고기 150g을 추가해요. 조리과정 ③에서
표고버섯을 볶은 뒤 다진 돼지고기와 소금, 후춧가루를 넣고 돼지고기를 볶아요.
볶은 돼지고기는 한 김 식혀 만두소에 추가하세요.

# 닭갈비맛 떡볶이

매콤한 닭갈비맛이 나는 떡볶이예요.
닭고기 없이도 떡볶이 떡, 고구마, 새송이버섯, 양배추 등
다양한 식감의 재료가 듬뿍 들어가 든든하고 맛있어요.
먹고 난 뒤 남은 양념에 밥과 김을 넣어 닭갈비 볶음밥처럼
볶아 먹는 것도 잊지 마세요.

**재료·2~3인분**

- 떡볶이 떡 400g
- 유부(조미 안 된 것) 4장
- 고구마 1개
- 양배추 ⅛개
- 미니 새송이버섯 50g
- 깻잎 15장
- 당근 ⅓개
- 양파 ½개
- 대파 1대
- 카놀라유 2큰술

**닭갈비맛 양념**

- 고추장 2큰술
- 고춧가루 3큰술
- 진간장 2큰술
- 물엿 2큰술
- 아가베 시럽 또는 설탕 1큰술
- 다진 마늘 1큰술
- 후춧가루 ¼작은술
- 물 1컵

**만들기**

① 떡볶이 떡은 찬물에 담가 불린다.

② 닭갈비맛 양념 재료를 한데 넣어 고루 섞는다.

③ 양배추는 한입 크기로 썰고 당근은 0.5cm 두께로 반달썰기 한다.
양파와 유부는 굵게 채 썰고 미니 새송이버섯은 밑동을 잘라 준비한다.

④ 고구마는 0.5cm 두께로 썰고 대파는 길게 반 자른 뒤
5cm 길이로 썬다. 깻잎은 4등분한다.

⑤ 센 불로 달군 팬에 카놀라유를 두르고
양파와 양배추를 넣어 1분 정도 볶는다.

⑥ 미니 새송이버섯을 넣고 1분 정도 볶다가
고구마와 당근, 유부, 대파를 넣고 1분 더 볶는다.

⑦ 닭갈비맛 양념과 떡볶이 떡을 넣고 15~20분간 눌어붙지 않도록
잘 저어가며 끓이다가 깻잎을 넣고 섞어 마무리한다.

# 피타브레드 루콜라 피자

얇고 넓적한 피타브레드를 도우 삼아 토마토소스와 비건 모차렐라치즈를 올려 구운 피자예요.
여기에 신선한 루콜라와 방울토마토를 올리고 비건 파르메산치즈를 뿌려 풍미를 더했어요.
재료는 몇 가지 없지만 고소하고 담백한 피자의 맛을 느낄 수 있어요.

### 재료·2인분

- 피타브레드(지름 18cm) 2장
- 방울토마토 6개
- 블랙올리브 12알
- 루콜라 40g
- 토마토소스 2큰술
- 비건 모차렐라치즈 ½컵
- 비건 파르메산치즈 20g

### 만들기

1. 방울토마토는 꼭지를 떼 반 자르고,
   루콜라는 씻어 체에 밭쳐 물기를 뺀다.

2. 피타브레드 위에 토마토소스를 1큰술씩 골고루 펴 바른다.

3. 모차렐라치즈를 골고루 뿌린 다음 블랙올리브를 올린다.

4. 200℃로 예열된 오븐에 피자를 넣고
   치즈가 녹을 때까지 13~15분간 굽는다.

5. ④에 루콜라와 방울토마토를 올린 뒤
   강판에 파르메산치즈를 갈아 뿌린다.

Tip · 일반식으로 만들기

조리과정 ⑤에서 프로슈토 햄 2장을 먹기 좋게 찢어 올려요.

# 로스티드 콜리플라워

큐민과 파프리카 파우더를 넣어 노릇하게 구운 콜리플라워에
코코넛 요거트로 만든 소스를 곁들이면 고기 못지않은 비건 스테이크가 완성돼요.
겉은 바삭바삭하면서 속은 부드러운 콜리플라워 구이와
상큼한 요거트 소스가 정말 잘 어울린답니다.

**재료 · 2~3인분**

○ 콜리플라워 1개
○ 루콜라 10g
○ 올리브오일 ¼컵
○ 큐민 1큰술
○ 파프리카 파우더 ½작은술
○ 소금 ¼작은술
○ 후춧가루 약간

**요거트레몬 소스**

○ 코코넛 요거트ᵖ·⁶⁴ ½컵
○ 레몬 1개
○ 고수 2줄기
○ 소금 약간
○ 후춧가루 약간

**만들기**

1. 콜리플라워는 2cm 두께로 슬라이스 하고, 고수는 잘게 다진다.

2. 레몬은 깨끗이 씻어 강판에 갈아 레몬 제스트를 만들고, 즙을 짜둔다.

3. 오븐 팬에 콜리플라워를 올리고 올리브오일을 골고루 뿌린 뒤
   파프리카 파우더, 큐민, 소금, 후춧가루를 골고루 뿌린다.

4. 200℃로 예열된 오븐에 ③의 콜리플라워를 넣고
   15~20분간 노릇하게 굽는다.

5. 볼에 코코넛 요거트, 레몬 제스트, 레몬즙 1큰술, 다진 고수, 소금,
   후춧가루를 넣고 골고루 섞어 요거트레몬 소스를 만든다.

6. 접시에 요거트레몬 소스를 넓게 올리고
   그 위에 구운 콜리플라워, 루콜라를 보기 좋게 얹는다.

Tip

＊ 레몬 제스트 만드는 방법은 아스파라거스튀김ᵖ·²⁴⁰을 참고하세요.

# 두부견과 오이국수

두부와 견과류를 갈아 구수한 국물을 만들고,
오이 면을 넣어 만든 별미 국수예요.
콩을 불리고 삶는 과정 없이도 콩국같이 국물이 고소하고 담백해요.
조리과정에서 불을 쓰지 않아 무더운 여름날
간단하고 시원하게 준비하기 좋답니다.

**재료 · 2인분**

○ 오이 2개
○ 통깨 약간

**두부견과 국물**

○ 두부 ½모(150g)
○ 캐슈너트 ½컵
○ 잣 ½컵
○ 물 1½컵
○ 소금 ¼작은술

**만들기**

① 국물용 캐슈너트는 뜨거운 물에 담가 30분간 불린다.

② 오이는 껍질째 깨끗이 씻은 뒤
줄리엔 필러를 이용해 채 썰어 오이 면을 만든다.
줄리엔 필러가 없다면 오이를 얇게 채 썰어 준비한다.

③ 믹서에 두부, 불린 캐슈너트, 잣, 물, 소금을 넣어 곱게 갈아
두부견과 국물을 만든다.

④ 그릇에 오이 면을 담고 두부견과 국물을 부은 뒤 통깨를 뿌린다.

Tip

★ 잣가루를 뿌리면 더 고소한 오이국수를 만들 수 있어요.

# 감자 와플

뉴질랜드 비건 카페의 인기 메뉴를 응용해 만든 감자 와플이에요.
삶은 감자를 통째 와플 팬에 구워 바삭바삭한 와플을 만들고
잘 익은 아보카도와 새콤한 발사믹 토마토소스를 곁들였어요.
감자, 아보카도, 토마토의 맛이 잘 어울리니 꼭 한 번 만들어보세요.

**재료 · 1인분**

○ 감자 2개
○ 아보카도 ½개
○ 루콜라 10g
○ 올리브오일 2큰술
○ 소금 ½작은술
○ 후춧가루 약간

**발사믹 토마토소스**

○ 방울토마토 6알
○ 양파 ⅛개
○ 발사믹식초 1큰술
○ 올리브오일 1작은술
○ 소금 ¼작은술
○ 후춧가루 약간
○ 애플민트 적당량

**만들기**

① 감자는 껍질째 깨끗이 씻고, 아보카도는 씨와 껍질을 제거한 뒤
0.5cm 두께로 썬다.

② 소스용 방울토마토는 반 자르고, 양파와 애플민트잎은 잘게 다진다.

③ 전자레인지용 그릇에 감자와 물 ¼컵을 넣은 뒤
8~10분간 돌려 감자를 익힌다.

④ 익힌 감자는 반 잘라 올리브오일을 골고루 바르고
소금과 후춧가루를 뿌린다.

⑤ 와플 팬에 올리브오일을 바르고 감자를 올린 뒤
와플 팬을 눌러 닫는다. 중간 불에서 와플 팬을 앞뒤로 뒤집어가며
8~10분 정도 노릇하게 굽는다.

⑥ 발사믹 토마토소스 재료를 한데 넣고 고루 잘 섞는다.

⑦ 접시에 감자 와플을 담고 아보카도와 발사믹 토마토소스, 루콜라를
올린다.

**Tip**

＊ 아보카도 손질법은 아보카도 스무디[p.96]을 참고하세요.
＊ 감자 대신 고구마로 와플을 만들어도 맛있어요.

**Tip** 일반식으로 만들기

달걀 1개를 준비해 프라이나 수란으로 만들어 감자 와플 맨 위에 얹어요.

간편
술안주

술안주 하면 기름지고 무거운 고기 요리를 떠올리지만, 채소와 과일만으로도 충분히 술과 좋은 마리아주를 펼치는 안주를 준비할 수 있어요. 많이 먹어도 속이 부대끼지 않고, 술맛도 살려주는 비건 술안주를 소개할게요. 이 파트의 모든 메뉴들은 곁들이 음식이나 간식으로도 두루 활용할 수 있어 유용하답니다.

# 갈릭 에다마메

이자카야의 기본 안주로 자주 볼 수 있는 에다마메는 아직 덜 익어 깍지 속에 들어 있는 풋콩을 말해요. 탱탱하게 씹히는 에다마메에 짭짤하고 매콤한 마늘 향이 배어 와인과 맥주에 모두 잘 어울린답니다. 이미 배는 부르고, 안주는 필요할 때 하나씩 집어 먹기 좋은 안주예요.

**재료 · 1~2인분**

○ 냉동 자숙콩 150g
○ 마늘 3톨
○ 올리브오일 1큰술
○ 소금 ¼작은술
○ 후춧가루 약간
○ 칠리 플레이크 적당량

**만들기**

① 냉동 자숙콩은 하룻밤 전에 냉장고에 옮겨 두거나 전자레인지에 1분간 돌려 해동시킨다. 마늘은 굵게 다진다.

② 중간 불로 달군 팬에 올리브오일을 두른 뒤 다진 마늘을 넣고 1분 정도 볶는다.

③ 해동한 자숙콩과 소금, 후춧가루를 넣고 1~2분간 더 볶는다.

④ 그릇에 완성된 에다마메를 담고 칠리 플레이크를 뿌려 완성한다.

Tip

* 냉동 자숙콩은 풋콩을 삶아서 급속 냉동한 제품이에요. 제품마다 염도가 다르므로, 간이 안 되어 있는 제품이라면 볶을 때 소금을 조금 더 추가하세요.

# 아스파라거스튀김

아스파라거스를 바삭바삭하게 튀겨 소금과 레몬으로 맛과 향을 더한 별미 술안주예요.
레몬즙이 느끼함을 잡아주고, 레몬 제스트도 상큼한 레몬 향을 더해 자꾸 손이 간답니다.
맥주 안주로도 훌륭하지만, 아이들 간식으로도 좋아요.

**재료 · 1~2인분**

○ 미니 아스파라거스 10개
○ 레몬 ½개
○ 고운 소금 약간
○ 후춧가루 약간
○ 밀가루 적당량

**튀김반죽**
○ 박력분 ¼컵
○ 얼음물 ¼컵

○ 튀김용 기름 적당량

**만들기**

① 아스파라거스는 깨끗이 씻어 밑동의 억센 부분을 1cm 정도 잘라낸다.

② 레몬은 깨끗이 씻어 물기를 없앤 뒤 껍질을 제스터로 긁어 레몬 제스트를 만들고, 레몬즙을 짜둔다.

③ 박력분과 얼음물을 가볍게 섞어 튀김반죽을 만든다.

④ 아스파라거스에 밀가루를 묻힌 뒤 튀김옷을 입힌다.

⑤ 170℃의 기름에 넣고 튀김옷이 노릇해질 때까지 튀긴다.

⑥ 그릇에 튀긴 아스파라거스를 담아 소금, 후춧가루, 레몬 제스트를 뿌리고, 먹기 직전 레몬즙을 뿌린다.

## Tip

* 큰 아스파라거스를 사용할 경우 억센 밑동을 잘라내고 필러로 겉껍질을 얇게 벗겨내면 더 아삭아삭한 튀김을 만들 수 있어요.

* 레몬을 볼에 담고 베이킹소다로 문질러 닦은 뒤 레몬이 완전히 잠기도록 물을 부어 10분 이상 담갔다가 깨끗한 물에 헹구면 레몬 껍질까지 안전하게 먹을 수 있어요.

* 튀김반죽을 기름에 조금 떨어뜨렸을 때 반죽이 바로 떠오르거나 튀김용 나무젓가락을 기름에 넣었을 때 젓가락 주변에 작은 기포가 생기면 튀김하기 적당한 온도예요.

# 방울토마토 마리네이드

방울토마토 마리네이드는 껍질을 벗긴 방울토마토를 새콤달콤한 절임물에 절여 만들어요.
간단하게 만들 수 있지만 친구들에게 인기가 많은 술안주랍니다. 보통 바질을 넣어 만드는데
이 레시피에서는 시원하고 산뜻한 애플민트를 활용했어요. 와인과 정말 잘 어울리는 메뉴예요.

**재료 · 1~2인분**

○ 방울토마토 300g
○ 양파 ⅛개
○ 올리브오일 3큰술
○ 레몬즙 3큰술
○ 아가베 시럽 또는 설탕 1큰술
○ 소금 ¼작은술
○ 후춧가루 약간
○ 애플민트 5g

**만들기**

① 방울토마토는 꼭지를 뗀 뒤 껍질에 살짝 칼집을 낸다.

② 끓는 물에 방울토마토를 넣고 10초 정도 데친 뒤 찬물에 넣고
껍질을 벗긴다.

③ 양파와 애플민트잎은 잘게 다진다.

④ 볼에 다진 양파, 올리브오일, 레몬즙, 아가베 시럽, 소금, 후춧가루를
넣고 골고루 섞는다.

⑤ 볼에 껍질 벗긴 방울토마토와 다진 애플민트잎을 넣은 뒤
방울토마토가 으깨지지 않도록 살살 버무린다.

⑥ 냉장고에 1시간 정도 두어 숙성시킨다.

## Tip

＊ 방울토마토가 단단하다면 데치는 시간을 15~20초로 늘려야 껍질이 잘 벗겨져요.

＊ 레몬즙 대신 발사믹식초나 화이트와인식초를 활용해도 좋아요.

＊ 토마토를 다 먹고 남은 소스는 샐러드 드레싱으로 활용하거나 빵을 찍어 먹어도 맛있어요.

# 양송이버섯 발사믹 절임

오븐에 구워 수분이 쏙 빠진 양송이버섯에 절임물이 스며들어
씹을 때마다 올리브오일의 향긋함과 발사믹식초의 새콤함이 터져 나오는
근사한 술안주예요. 술안주로도 좋지만 파스타나 이탈리안 요리를
먹을 때 피클처럼 곁들여도 맛있답니다.

**재료 · 1~2인분**

○ 양송이버섯 12개
○ 올리브오일 2큰술
○ 소금 약간
○ 후춧가루 약간

**절임물**

○ 발사믹식초 3큰술
○ 올리브오일 3큰술
○ 마늘 2톨
○ 이탈리안 파슬리 2줄기
○ 아가베 시럽 또는 설탕 2작은술
○ 소금 ¼작은술
○ 후춧가루 약간

**만들기**

1. 양송이버섯은 흐르는 물에 씻고 키친타월로 물기를 닦는다.

2. 마늘과 이탈리안 파슬리는 굵게 다진다.

3. 오븐 팬에 종이호일을 깔고 양송이버섯 갓이 아래로 가도록 올린 뒤 올리브오일과 소금, 후춧가루를 골고루 뿌린다.

4. 200℃로 예열된 오븐에서 15~20분간 굽는다.

5. 절임물 재료를 한데 넣고 잘 섞는다.

6. 볼에 구운 버섯과 절임물을 넣고 고루 버무린 뒤 1시간 정도 간이 배도록 둔다.

Tip

* 버섯을 다 먹고 남은 절임물은 샐러드 드레싱으로 활용하거나 빵을 찍어 먹어도 맛있어요.

# 올리브 절임

짭짤한 올리브를 오렌지 껍질, 마늘, 로즈메리와 함께 올리브오일에 넣고 푹 재웠어요.
올리브오일에 절여지면서 짠맛은 빠지고, 다른 재료들의 맛과 향이 배어 들어요.
은은하게 올라오는 오렌지와 로즈메리의 향긋함이 일품이랍니다.

**재료 · 1~2인분**

○ 그린올리브 200g  ○ 로즈메리 2줄기
○ 칼라마타 올리브 200g  ○ 올리브오일 1컵
○ 레몬 또는 오렌지 1개  ○ 후춧가루 약간
○ 마늘 3톨

**만들기**

1 오렌지나 레몬은 깨끗하게 씻은 뒤 필러로 껍질을 큼지막하게 벗긴다.

2 마늘은 편으로 썰고, 로즈메리는 흐르는 물에 씻어 준비한다.

3 볼에 모든 재료를 넣고 골고루 섞는다.

4 밀폐용기에 옮겨 담은 뒤 냉장고에 하루 정도 둔다.
　 먹기 1시간 전쯤 냉장고에서 꺼내 올리브오일이 녹으면 먹는다.
　 냉장고에 두고 일주일 정도 보관할 수 있다.

Tip

* 오래 두고 먹을 거라면 열탕 소독한 유리병에 보관하는 것이 좋아요. 열탕 소독
  방법은 p.64를 참고하세요.
* 밀폐용기에 올리브를 넣고 올리브가 완전히 잠길 정도로 올리브오일을 부어야
  곰팡이가 생기지 않아요.

# 유자간장마요 소스와 양배추

마요네즈와 유자청, 간장, 통깨를 잘 섞어 만든 디핑 소스에 아삭아삭한 생양배추를
찍어 먹는 간편 술안주예요. 달콤 짭짤한 소스에 고소한 통깨를 갈아 넣어
중독성이 있어요. 한번 먹기 시작하면 양배추 ¼통은 금방 사라진답니다.

**재료 · 1~2인분**

○ 양배추 ¼개

**유자간장마요 디핑 소스**
○ 두유 마요네즈<sup>p.58</sup> 2큰술
○ 유자청 1큰술
○ 간장 1작은술
○ 통깨 1큰술

**만들기**

① 양배추는 심지를 제거한 뒤 잎을 한 장씩 떼어내 흐르는 물에 씻는다.

② 유자청과 간장을 한데 넣어 고루 섞는다.

③ 작은 그릇에 마요네즈를 담고 ②의 유자 간장을 부은 뒤 통깨를 갈아 뿌려 디핑 소스를 만든다.

④ 접시에 양배추를 담고 디핑 소스를 곁들여 낸다.

Tip

* 오이, 당근, 셀러리 등 채소를 스틱 모양으로 잘라 곁들여도 좋아요.

# INDEX

플렉시테리언: _____ **때때로 비건**

| | |
|---|---|
| **초판 1쇄** | 2021년 6월 22일 |
| **초판 2쇄** | 2021년 9월 1일 |
| **지은이** | 김가영 |
| **발행인** | 이상언 |
| **제작총괄** | 이정아 |
| **편집장** | 손혜린 |
| **책임편집** | 안혜진 |
| **사진** | 김동하(Native Studios) |
| **스타일링** | 김가영(101recipe) |
| **어시스트** | 권민경 이도화 이지선 이윤정 |
| **표지 디자인** | ALL designgroup |
| **내지 디자인** | 변바희 김미연 |
| **마케팅** | 김주희 김다은 |
| **발행처** | 중앙일보에스(주) |
| **주소** | (04513) 서울시 중구 서소문로 100(서소문동) |
| **등록** | 2008년 1월 25일 제2014-000178호 |
| **문의** | jbooks@joongang.co.kr |
| **홈페이지** | jbooks.joins.com |
| **네이버 포스트** | post.naver.com/joongangbooks |
| **인스타그램** | @j__books |

ⓒ 김가영, 2021
ISBN 978-89-278-1235-7 13590

# UNLIMEAT

언리미트(UNLIMEAT)는 Unlimited와 Meat의 합성어로
외형과 조리, 미식에 제한이 없는 고기라는 뜻을 지닌
**식물성 고기 브랜드**

100% 식물성 재료로 만들어 칼로리와 지방은 낮고, 콜레
스테롤과 트랜스지방이 0으로 건강식에 관심있는 이라면
누구나 부담 없이 즐길 수 있는 순수 식물성 제품